CORNEILLE

L'Illusion comique

Comédie

1639

PRÉFACE, DOSSIER ET NOTES PAR GEORGES FORESTIER

LE LIVRE DE POCHE

Texte conforme à la première édition (1639).

Professeur à la Sorbonne, Georges Forestier, parmi d'autres travaux, a publié chez Droz *Le Théâtre dans le théâtre sur la scène française du XVIIᵉ siècle* et *Esthétique de l'identité dans le théâtre français (1550-1680) : le déguisement et ses avatars.* Il est aussi l'auteur de deux ouvrages sur Corneille (*Essai de génétique théâtrale : Corneille à l'œuvre,* Klincksieck, et *Corneille : le sens d'une dramaturgie,* SEDES) et a édité Racine dans la Bibliothèque de la Pléiade et plusieurs pièces classiques dans Le Livre de Poche.

© Librairie Générale Française, 1987, 1999 et 2008,
pour la préface, les commentaires et les notes.

ISBN : 978-2-253-04157-3 – 1ʳᵉ publication - LGF

PRÉFACE

« Voici un étrange monstre que je vous dédie », écrit
Corneille en 1639, lorsqu'il fait imprimer pour la première fois son *Illusion comique*. Et d'ajouter : « Qu'on
en nomme l'invention bizarre et extravagante tant qu'on
voudra, elle est nouvelle ». Vingt ans plus tard il en parle
encore comme d'« une galanterie extravagante », un « caprice » dont la « nouveauté » a assuré une bonne part du
succès. C'est peu de dire qu'une œuvre est originale,
lorsqu'un écrivain prend ainsi la peine de souligner sa
singularité, manière indirecte de faire valoir son brio.
Car il faut à la fois du brio et une grande confiance
dans ses moyens pour oser donner une pièce qui
commence dans une atmosphère de mystère dans un
cadre de pastorale (un magicien et sa grotte), se poursuit
dans la comédie pure (un couple d'amoureux se
moquant d'un fanfaron), débouche sur la tragi-comédie
(trahison, duel, mort, prison, évasion), et finit en tragédie (assassinat du héros) tout en se prétendant comédie ;
une pièce qui raconte une histoire à travers des frag-
ments d'histoires, qui fait parler le plus le personnage
qui agit le moins, qui plonge le public dans l'illusion la
plus complète afin de démonter le processus de l'illusion, qui provoque le rire le plus franc avant de conduire
le spectateur au bord de la terreur et de la pitié tragiques... Qui plus est, ce n'est pas seulement sur le plan
interne que *L'Illusion comique* joue sur les paradoxes et
les contrastes.

Contraste, en effet, entre cette œuvre irrégulière,

échevelée, visant à l'éblouissement, et la production antérieure de Corneille : des comédies bourgeoises dont le comique n'est que sourire et qui s'enfoncent toujours plus dans l'analyse des cruautés du cœur, sage production troublée seulement par deux œuvres violentes, l'une follement romanesque (*Clitandre*), l'autre atrocement tragique (*Médée*). Dans l'ensemble, Corneille paraît s'acheminer vers cette concentration et cette régularité que réclament depuis 1630 les théoriciens de la littérature et certains de ses confrères, au nom de l'imitation des Anciens et des lois de la raison. Rien ne laisse supposer en 1635 [1] qu'il se sent assez sûr de lui face aux critiques, aux confrères et au public, pour se laisser aller à un tel « caprice » qui déroule quatre années en deux heures, qui nous fait passer de la Touraine à Bordeaux, avant de nous conduire en Angleterre et à Paris, qui mélange les genres, qui accorde une attention différente aux personnages selon les actes, et qui surtout, loin de concentrer, fait éclater l'action entre trois niveaux différents qui s'emboîtent les uns dans les autres. Chef-d'œuvre du théâtre baroque, dit-on aujourd'hui. On peut le dire, en effet ; mais Corneille n'avait pas habitué son public à cette veine.

Paradoxe, d'autre part, que cette pièce dont l'un des deux premiers rôles est celui d'un capitan fanfaron, personnage traditionnel sorti du théâtre antique et popularisé par la comédie à l'italienne depuis le XVIe siècle : Corneille ne venait-il pas justement de s'imposer sur la scène parisienne comme l'auteur de comédies d'un nouveau genre dont l'une des particularités était de faire rire, comme il l'a lui-même écrit, « sans personnages ridicules, tels que les valets bouffons, les parasites, les capitans, les docteurs, etc. » ? Or que resterait-il de *L'Illusion comique* si on lui ôtait Matamore ? Il est vrai que, comme on l'a avancé avec beaucoup de probabilité, cette pièce peut être le résultat d'une commande : plusieurs des meilleurs acteurs du théâtre du Marais avaient été transférés sur

---

1. Année probable de la composition de l'œuvre, créée à la fin de 1635 ou en 1636 sur la scène du théâtre du Marais.

décision royale au théâtre rival de l'Hôtel de Bourgogne (fin de 1634), et, pour reconstituer la troupe, on venait d'engager entre autres Bellemore, dont le « nom de guerre » était précisément le capitan Matamore. Le chef de la troupe du Marais réclamait donc des rôles de capitan aux auteurs qui lui fournissaient des pièces ; il fallait aussi sans doute une œuvre où la troupe rebâtie pût briller, ce qui réclamait une grande variété de registres. À ces causes matérielles a pu s'ajouter une motivation intellectuelle. Corneille a pu être poussé à écrire *L'Illusion comique* par ce goût du défi et du paradoxe qui explique tant de choses dans sa carrière : moi, Corneille, qui ai inventé une comédie d'un nouveau type, je suis capable de triompher avec les situations et les personnages les plus traditionnels qui soient.

Mais comment concilier cela avec la volonté de faire du neuf ? comment mettre en scène un capitan sans se renier ? comment écrire un *poème dramatique* digne de ce nom autour d'un personnage tellement codé que toutes les troupes possédaient un acteur spécialisé dans ce type de rôle, et qui en outre figurait dans la plupart des scénarios de la *commedia dell'arte* ? La réponse à ces questions est inscrite dans la structure. Corneille a certes mis en scène un capitan, mais il a clairement fait savoir à son public que ce n'était que du théâtre qui se dévoilait comme tel. Le fanfaron de comédie est bien présent, mais il est *désigné* comme fanfaron de comédie dans la mesure où ses aventures se déroulent dans le cadre d'une pièce intérieure (actes II, III, IV), sous les yeux des personnages du premier acte. La présence continue de ceux-ci sur le côté de la scène, leur retour au premier plan à la fin de chaque acte, tout cela tend à rappeler au public que ce qui se passe durant les actes II, III et IV ressortit au domaine de l'illusion théâtrale. Tout devient permis lorsqu'on établit une *distance* de ce type entre le rôle et le public. Et il faut bien noter que Corneille est allé jusqu'au bout de son idée. Examinons les personnages qui entourent Matamore. Ils viennent en droite ligne de la *commedia dell'arte* : une amoureuse (flanquée d'une suivante) courtisée par un capitan et deux amou-

reux, l'un quelque peu aventurier, l'autre sage, l'un
adoré, l'autre rebuté, et contrariée dans ses sentiments
par les projets matrimoniaux de son père, ce qui l'oblige
à contourner son interdit. On retrouve ce schéma rela-
tionnel dans des dizaines de scénarios de la *commedia
dell'arte*. Ainsi, grâce à la sophistication de cette structure dite du *théâtre dans le théâtre*, Corneille a pu monter
l'intrigue la plus stéréotypée qui soit autour du personnage le plus codé de toute l'histoire du théâtre occidental, tout en soulignant qu'il le faisait. Le plus fort est
qu'à mesure que l'action avance — et que l'importance
du rôle de Matamore décroît —, on se met à croire aux
aventures de Clindor et d'Isabelle, à espérer et à trembler avec eux, l'illusion l'emportant sur la théâtralité.

La clé de l'originalité de *L'Illusion comique* est donc
tout entière dans cette structure du *théâtre dans le théâtre*.
Contrastes et paradoxes se résolvent tous par le fait que
L'Illusion comique est une œuvre dans laquelle une pièce
(acte V) s'enchâsse dans une autre pièce (actes II, III,
IV) qui s'enchâsse elle-même dans une première pièce
(acte I et fin de l'acte V). De là, la variété des lieux dans
un lieu unique, l'étalement du temps dans une durée
très courte, la multiplicité des actions à l'intérieur de la
même histoire. De là, cette pièce que son auteur présente comme le comble de l'originalité, alors qu'elle est,
par les situations, les personnages et les thèmes, l'une
des moins originales de tout son théâtre[1].

Cet incessant va-et-vient originalité/emprunts, on le
retrouve sur le plan de la structure elle-même. Car le
procédé du théâtre dans le théâtre n'est pas une invention de Corneille. Les Italiens et les Anglais l'utilisent
depuis longtemps, et les Français eux-mêmes, sans
qu'on sache s'ils l'ont « inventé » ou s'ils l'ont emprunté
à leurs confrères étrangers, l'ont mis en œuvre depuis
plusieurs années déjà : notamment *Célinde* de Baro

---

1. Pour une revue des emprunts et ressemblances, on se reportera à
l'introduction de l'édition savante procurée par R. Garapon (Paris, Nizet
[S.T.F.M.], 1957), p. XXI-XLII.

(1628), ainsi que *La Comédie des comédiens* de Gougenot représentée sur la scène de l'Hôtel de Bourgogne face à *La Comédie des comédiens* de Scudéry jouée au Marais (1633). Mais Corneille s'est contenté d'emprunter à ses prédécesseurs le principe de la structure et le prétexte de son utilisation[1] : nul avant lui n'était allé aussi loin dans la réalisation.

Jusqu'à lui, en effet, on se contentait de deux niveaux de représentation, souvent mal joints l'un à l'autre. Corneille va jusqu'à trois et les imbrique parfaitement l'un dans l'autre, comme des poupées russes, véritable tour de force qu'aucun de ses contemporains, rivaux ou épigones, n'osera renouveler. D'autre part, il était tout à fait exceptionnel qu'on mît le *contenu* de la pièce intérieure en relation avec celui de la pièce principale. Ce faisant, un effet de miroir est créé, le spectateur ne sait plus à quel niveau de représentation il a affaire, et il est victime de l'illusion dans laquelle le dramaturge a voulu le plonger : à l'acte V de *L'Illusion*, nul ne doute d'assister à la suite des aventures de Clindor ; or Clindor est seulement en train de représenter une pièce de théâtre. Seul Baro avant Corneille avait créé à l'acte III de *Célinde* un effet de ce type. Mais il avait vite retiré le public de son erreur alors que Corneille la fait durer jusqu'à son extrême limite.

Pour l'homme du XXᵉ siècle, il y a tout aussi important. Corneille s'est servi de la structure du théâtre dans le théâtre pour transposer ce qui n'était jusqu'alors qu'une technique romanesque, le retour en arrière, et dont le cinéma, sous l'appellation américaine de *flash back*, use et abuse aujourd'hui. L'essentiel de l'action qui se déroule sous nos yeux à partir du second acte est, en effet, une « évocation magique » projetée par le magicien Alcandre sur le fond de sa grotte au moyen de « spectres parlants ». On voit ainsi les aventures *passées*

---

1. Il a repris de *La Comédie des comédiens* de Scudéry l'idée du vieil homme qui recherche un membre de sa famille et le découvre dans une troupe de comédiens : pour le convaincre que le jeune homme a fait le bon choix et que le théâtre n'est pas une activité honteuse, on joue devant lui une pastorale (qui occupe les actes III, IV et V).

du jeune Clindor, en attendant le cinquième acte où le passé et le présent se rejoignent dans cette confusion de niveaux qui plonge le spectateur dans l'illusion. On conçoit que Corneille ait présenté son œuvre comme un « monstre », notion que les dictionnaires du XVIIe siècle définissaient comme un « prodige qui est contre l'ordre de la nature » : au regard des normes de la narration théâtrale, l'essentiel de *L'Illusion comique* est un prodige.

Enfin, prenant à ses prédécesseurs le principe du théâtre dans le théâtre, Corneille a pris aussi l'un des thèmes qui lui est lié : l'apologie du théâtre. Et, sur ce point encore, il s'est montré original. Son mérite est de ne s'être pas contenté de faire une apologie verbale du théâtre, comme tous ceux qui avant lui avaient eu recours à la structure du théâtre dans le théâtre. C'est la conjugaison du fond et de la forme qui contribue à cette apologie mieux que les éloges appuyés du cinquième acte (V, 6, v. 1765 sq.). Et, à cet égard, le titre de la pièce est parfaitement clair. L'illusion dont il est question désigne d'une part l'artifice magique auquel a recours le magicien[1], d'autre part le piège dans lequel tombe le spectateur intérieur — et le public avec lui — au dernier acte, mais elle désigne aussi, au premier chef, le fondement de l'art du théâtre, cette illusion qui est le théâtre lui-même ; et pour ceux qui n'auraient pas compris le premier sens du titre, Corneille a précisé qu'il s'agissait de l'illusion *comique*, c'est-à-dire « qui touche au théâtre » (au XVIIe siècle, comédie désigne aussi bien le théâtre que le genre dramatique particulier de la comédie)[2]. Ainsi, l'« évocation magique » qui constitue l'essentiel de la pièce est déroulée devant les yeux du spectateur intérieur et devant nos yeux par le magicien Alcandre, qui connaît le passé et l'avenir de ses « spectres parlants », qui mélange les niveaux (théâtraux)

---

1. On lit dans le dictionnaire de Furetière (fin du XVIIe siècle) à l'article *Illusion* : « Se dit aussi des artifices du Démon qui fait paraître ce qui n'est pas » ; et plus loin : « toutes les apparitions d'esprit sont des *Illusions* ».
2. En 1660, en modifiant substantiellement le contenu même de sa pièce, comme nous le verrons, Corneille enlève *comique* du titre.

sans nous prévenir, bref qui nous amuse, nous séduit, nous terrorise et nous abuse avec la plus grande *maestria*. Alcandre, dont les tours de magie ne sont que des tours de théâtre, contribue par son seul exercice d'auteur dramatique, à faire l'apologie du théâtre. Ce qui permet d'ailleurs à Corneille de mettre l'accent sur les vertus de l'auteur dramatique plutôt que sur celles des comédiens, alors que la tradition des « comédies des comédiens » privilégiait — et continuera après *L'Illusion comique* à privilégier — le point de vue des comédiens.

Mais il faut aller plus loin. *L'Illusion comique* n'est pas seulement une métaphore de l'activité théâtrale. Elle est plus largement une métaphore de l'activité humaine. On retrouve en effet dans cette comédie un thème philosophique fort ancien, qui a connu une grande fortune à la Renaissance et au XVIIᵉ siècle, le thème du « théâtre du monde » (*theatrum mundi*). On peut résumer ce thème de la façon suivante : « le monde est un théâtre sous le regard de Dieu ». Il repose donc sur une triade fondamentale : l'Auteur (Dieu), l'Acteur (l'homme), le Spectateur (Dieu encore, mais aussi les autres hommes, aveugles sur leur rôle et sur celui des autres). Ce thème, susceptible de recevoir un traitement étroitement religieux (voir à la même époque en Espagne la pièce de Calderón *El Gran Teatro del Mundo*), apparaît ici dans sa dimension profane. L'Auteur, c'est Alcandre. Pour dessiller les yeux d'un simple mortel, le Spectateur, représenté par Pridamant, il lui présente le *spectacle de la vie humaine*, l'Acteur principal de ce spectacle étant Clindor, le fils de Pridamant. Plus exactement, l'Acteur est un « fantôme » ou un « spectre » de Clindor, nuance importante pour saisir la parenté entre le pouvoir démiurgique du magicien et le pouvoir divin, qui dispose des âmes, du Spectateur suprême.

Or le spectacle présenté par Alcandre à Pridamant est une véritable *allégorie de la vie humaine*. Du point de vue de l'Auteur, Clindor est le symbole de l'homme, de l'homme aveugle sur lui et sur le monde, et aux prises avec une « fortune » qui paraît capricieuse et qui pourtant le conduit d'une main sûre à son destin. Cet homme, nous le suivons de sa naissance jusqu'à sa mort — et sa résurrection. Clindor naît le jour où il s'est enfui de chez son père. C'est à ce moment que commence le récit d'Alcandre. Après avoir passé rapidement sur le lent mûrissement du jeune homme, constitué par ses aventures picaresques, il met en scène son « fantôme » pour présenter les étapes marquantes de l'épanouissement de sa personnalité. Aussi, au fil des actes II, III et IV, son rôle passe-t-il du comique au tragi-comique pour aboutir au tragique. Simple faire valoir de Matamore au début, Clindor présente en outre le visage d'un jeune homme qui découvre l'Amour. À l'acte suivant, il relègue son maître au second plan pour s'affirmer en tant qu'homme : il fait l'essai de sa séduction sur la suivante de sa maîtresse, tient tête à son rival, et enfin, à l'issue d'un combat, il le tue. L'acte IV est celui de l'expérience de la mort : dans sa prison, à la veille de son exécution, il fait réflexion sur son destin et se voit même mourir (« Et la peur de la mort me fait déjà mourir », v. 1288). Mort à son ancien Moi, il peut renaître, régénéré, à l'acte V : acteur inconscient sur le théâtre du monde, il est devenu acteur conscient de l'être sur le théâtre des hommes.

On comprend ainsi parfaitement le sens de l'illusion élaborée par Alcandre à l'acte V. Elle est la condition *sine qua non* de la réussite du « traitement » que subit Pridamant, le Spectateur. Le Spectateur est un homme, aussi ignorant de la comédie humaine qui se déroule sous ses yeux que l'Acteur qui la représente ; mais, tandis que l'Acteur accède à la « vérité » par l'expérience de la mort, le Spectateur y parvient par la conscience de l'illusion dont il a été victime. Pridamant a cru son fils assassiné ; mais ce n'était qu'un leurre. Alcandre a beau jeu de lui faire comprendre que le destin de son fils lui paraissait incompréhensible parce qu'il ignorait que la vie n'est qu'une pièce de théâtre. Son fils a compris avant lui, grâce à ce qu'il prenait pour des vicissitudes de la fortune, que tout n'était que théâtre, et que, partant, son destin était de *faire du théâtre*. Aussi Pridamant à son tour, une fois convaincu des vertus du théâtre, déclare-t-il qu'il ne peut plus vivre que par et pour le théâtre ; mort à son ancienne vie, il accède à une réalité supérieure, qui est celle du théâtre :

> Demain, pour ce sujet, j'abandonne ces lieux,
> Je vole vers Paris.

(V, 6 ; v. 1816-1817)

On voit ainsi que *L'Illusion comique* n'est pas un pur exercice de style. Non qu'il s'agisse d'une pièce à thèse : cette signification se situe tout entière en filigrane, et l'on prendra le plus intense plaisir à la représentation de cette œuvre sans se soucier d'elle. Mais il faut l'avoir à l'esprit pour comprendre combien ce « caprice » est *sur tous les plans* une apologie du théâtre : non content de nous dire explicitement les vertus du théâtre, et de démonter devant nous le fonctionnement de l'illusion théâtrale, Corneille laisse entendre sur un plan supérieur que le théâtre est école de la vie. C'est aussi ce que disait Shakespeare dans *Hamlet*. Notons, pour finir, que par le regard que Corneille porte sur les hommes *L'Illusion comique* n'est pas si éloignée qu'il y paraît du reste de sa production, et particulièrement de sa production postérieure. Jusqu'à son ultime chef-d'œuvre, *Suréna*, Corneille ne cessera jamais de réfléchir sur la place de l'homme — ou, plus exactement du Héros, à partir du *Cid* — dans le « grand théâtre du monde ».

Georges F<small>ORESTIER</small>

L'Illusion comique

À Mademoiselle M.F.D.R. [1]

Mademoiselle,

Voici un étrange monstre que je vous dédie. Le premier acte n'est qu'un prologue, les trois suivants font une comédie imparfaite, le dernier est une tragédie, et tout cela cousu ensemble fait une comédie. Qu'on en nomme l'invention bizarre et extravagante tant qu'on voudra, elle est nouvelle, et souvent la grâce de la nouveauté parmi nos Français n'est pas un petit degré de bonté. Son succès ne m'a point fait de honte sur le théâtre, et j'ose dire que la représentation de cette pièce capricieuse [2] ne vous a point déplu, puisque vous m'avez commandé de vous en adresser l'épître quand elle irait sous la presse. Je suis au désespoir de vous la présenter en si mauvais état, qu'elle en est méconnaissable : la quantité de fautes que l'imprimeur a ajoutées aux miennes la déguise, ou pour mieux dire, la change entièrement. C'est l'effet de mon absence de Paris, d'où mes affaires m'ont rappelé sur le point qu'il l'imprimait, et m'ont obligé d'en abandonner les épreuves à sa discrétion. Je vous conjure de ne la lire point que vous n'ayez pris la peine de corriger ce que vous trouverez marqué en suite de cette épître. Ce n'est pas que j'y aie employé [3] toutes les fautes qui s'y sont coulées : le nombre en est si grand qu'il eût épouvanté le lecteur, j'ai seulement choisi celles qui peuvent apporter quelque corruption

---

1. La dédicataire n'a pas été identifiée. 2. Comparer avec l'Examen de 1660, p. 117 : « Les *caprices* de cette nature ne se hasardent qu'une fois. » *Capricieuse* se dit au XVIIᵉ siècle de toute œuvre d'art qui se situe délibérément en dehors des normes. 3. Mentionné.

notable au sens, et qu'on ne peut pas deviner aisément. Pour les autres qui ne sont que contre la rime, ou l'orthographe, ou la ponctuation, j'ai cru que le lecteur judicieux y suppléerait sans beaucoup de difficulté, et qu'ainsi il n'était pas besoin d'en charger cette première feuille. Cela m'apprendra à ne hasarder plus de pièces à l'impression durant mon absence. Ayez assez de bonté pour ne dédaigner pas celle-ci, toute déchirée qu'elle est, et vous m'obligerez d'autant plus à demeurer toute ma vie,

Mademoiselle,

Le plus fidèle et le plus passionné de vos serviteurs,

CORNEILLE

L'ILLUSION COMIQUE

Comédie

Acteurs

ALCANDRE, *magicien*
PRIDAMANT, *père de Clindor*
DORANTE, *ami de Pridamant*
MATAMORE, *capitan gascon, amoureux d'Isabelle*
CLINDOR, *suivant du capitan et amant d'Isabelle*
ADRASTE, *gentilhomme amoureux d'Isabelle*
GÉRONTE, *père d'Isabelle*
ISABELLE, *fille de Géronte*
LYSE, *servante d'Isabelle*
GEÔLIER *de Bordeaux*
PAGE *du capitan* [1]
ROSINE, *princesse d'Angleterre, femme de Florilame*
ÉRASTE, *écuyer de Florilame*
TROUPE *de domestiques d'Adraste*
TROUPE *de domestiques de Florilame*

---

1. À partir de 1644, Corneille mentionne à nouveau Clindor, Isabelle et Lyse entre le Page et Rosine, et leur donne les noms qu'ils sont censés porter dans la tragédie de l'acte V : Clindor représentant Théagène, seigneur anglais ; Isabelle représentant Hippolyte, femme de Théagène ; Lyse représentant Clarine, suivante d'Hippolyte. À partir de 1660, le rôle de Rosine est supprimé (ainsi que la scène correspondante).

ACTE I

Scène 1

DORANTE

Ce grand Mage dont l'art commande à la nature
N'a choisi pour palais que cette grotte obscure ;
La nuit qu'il entretient sur cet affreux séjour,
N'ouvrant son voile épais qu'aux rayons d'un faux
[jour,
De leur éclat douteux[1] n'admet en ces lieux sombres
Que ce qu'en peut souffrir le commerce des ombres[2].
N'avancez pas, son art au pied de ce Rocher
A mis de quoi punir qui s'en ose approcher,
Et cette large bouche est un mur invisible,
Où l'air en sa faveur devient inaccessible,
Et lui fait un rempart dont les funestes[3] bords
Sur un peu de poussière étalent mille morts.
Jaloux de son repos plus que de sa défense
Il perd qui l'importune ainsi que qui l'offense,
Si bien que ceux qu'amène un curieux désir
Pour consulter Alcandre attendent son loisir,
Chaque jour il se montre, et nous touchons à l'heure
Que[4] pour se divertir il sort de sa demeure.

---

1. Les rayons laissent à peine entrevoir les objets.   2. La fréquenta-
tion des morts.   3. « Funestes » est à prendre au sens littéral : « qui cau-
sent la mort ».   4. À l'heure *où*.

PRIDAMANT

J'en attends peu de chose et brûle de le voir,
20 J'ai de l'impatience et je manque d'espoir,
Ce fils, ce cher objet de mes inquiétudes,
Qu'ont éloigné de moi des traitements trop rudes,
Et que depuis dix ans je cherche en tant de lieux
A caché pour jamais sa présence à mes yeux.
Sous ombre qu'il prenait un peu trop de licence [1]
Contre ses libertés je roidis ma puissance [2],
Je croyais le réduire [3] à force de punir,
Et ma sévérité ne fit que le bannir.
Mon âme vit l'erreur dont elle était séduite [4],
30 Je l'outrageais présent et je pleurai sa fuite :
Et l'amour paternel me fit bientôt sentir
D'une injuste rigueur un juste repentir.
Il l'a fallu chercher, j'ai vu dans mon voyage
Le Pô, le Rhin, la Meuse, et la Seine, et le Tage,
Toujours le même soin [5] travaille mes esprits,
Et ces longues erreurs [6] ne m'en ont rien appris,
Enfin au désespoir de perdre tant de peine,
Et n'attendant plus rien de la prudence [7] humaine,
Pour trouver quelque fin à tant de maux soufferts,
40 J'ai déjà sur ce point consulté les enfers,
J'ai vu les plus fameux en ces noires sciences,
Dont vous dites qu'Alcandre a tant d'expérience,
On en faisait l'état que vous faites de lui,
Et pas un d'eux n'a pu soulager mon ennui [8].
L'enfer devient muet quand il me faut répondre
Ou ne me répond rien qu'afin de me confondre.

DORANTE

Ne traitez pas Alcandre en homme du commun,
Ce qu'il sait en son art n'est connu de pas un.
Je ne vous dirai point qu'il commande au tonnerre,
50 Qu'il fait enfler les mers, qu'il fait trembler la terre,

---

1. Sous prétexte qu'il prenait un peu trop de liberté. **2.** Je tendis mes forces, j'exerçai mon autorité. **3.** Ramener au devoir. **4.** Abusée. **5.** Tourment, souci. **6.** Sens latin : errances. **7.** Sagesse. **8.** Tristesse profonde.

Que de l'air qu'il mutine[1] en mille tourbillons
Contre ses ennemis il fait des bataillons,
Que de ses mots savants les forces inconnues
Transportent les rochers, font descendre les nues,
Et briller dans la nuit l'éclat de deux Soleils,
Vous n'avez pas besoin de miracles pareils,
Il suffira pour vous, qu'il lit dans les pensées,
Et connaît l'avenir et les choses passées,
Rien n'est secret pour lui dans tout cet Univers,
60   Et pour lui nos destins sont des livres ouverts.
Moi-même ainsi que vous je ne pouvais le croire,
Mais sitôt qu'il me vit, il me dit mon histoire,
Et je fus étonné d'entendre les discours[2]
Des traits les plus cachés de mes jeunes amours.

PRIDAMANT

Vous m'en dites beaucoup.

DORANTE

                    J'en ai vu davantage.

PRIDAMANT

Vous essayez en vain de me donner courage,
Mes soins et mes travaux[3] verront sans aucun fruit
Clore mes tristes jours d'une éternelle nuit.

DORANTE

Depuis que j'ai quitté le séjour de Bretagne
70   Pour venir faire ici le Noble de Campagne,
Et que deux ans d'amour par une heureuse fin
M'ont acquis Silvérie et ce château voisin,
De pas un, que je sache, il n'a déçu l'attente,
Quiconque le consulte en sort l'âme contente[4],
Croyez-moi son secours n'est pas à négliger :
D'ailleurs il est ravi quand il peut m'obliger[5],

---

1. L'air qu'il trouble, qu'il agite.   2. Le récit.   3. Sens latin : labeur, fatigues, peines.   4. Satisfaite. Celui qui consulte Alcandre ne ressort pas nécessairement heureux, mais satisfait comme qui a obtenu ce qu'il désirait savoir.   5. Me faire plaisir, m'être agréable.

Et j'ose me vanter qu'un peu de mes prières
Vous obtiendra de lui des faveurs singulières.

PRIDAMANT

Le sort m'est trop cruel pour devenir si doux.

DORANTE

80 Espérez mieux, il sort, et s'avance vers vous.
Regardez-le marcher, ce visage si grave
Dont le rare savoir tient la nature esclave
N'a sauvé toutefois des ravages du temps
Qu'un peu d'os et de nerfs qu'ont décharné cent ans,
Son corps malgré son âge a les forces robustes,
Le mouvement facile et les démarches justes,
Des ressorts inconnus agitent le vieillard,
Et font de tous ses pas des miracles de l'art.

Scène 2

ALCANDRE, PRIDAMANT, DORANTE

DORANTE

Grand Démon [1] du savoir de qui les doctes veilles
90 Produisent chaque jour de nouvelles merveilles,
À qui rien n'est secret dans nos intentions
Et qui vois sans nous voir toutes nos actions,
Si de ton art divin le pouvoir admirable
Jamais en ma faveur se rendit secourable,
De ce père affligé soulage les douleurs,
Une vieille amitié prend part en ses malheurs,
Rennes ainsi qu'à moi lui donna la naissance
Et presque entre ses bras j'ai passé mon enfance,
Là de son fils et moi naquit l'affection,
100 Nous étions pareils d'âge et de condition.

---

1. Le démon est un être surnaturel, bon ou mauvais. On parle ainsi du démon de Socrate qui lui dictait sa conduite.

ALCANDRE

Dorante c'est assez, je sais ce qui l'amène,
Ce fils est aujourd'hui le sujet de sa peine !
Vieillard, n'est-il pas vrai que son éloignement
Par un juste remords te gêne incessamment[1],
Qu'une obstination à te montrer sévère
L'a banni de ta vue, et cause ta misère,
Qu'en vain au repentir de ta sévérité,
Tu cherches en tous lieux ce fils si maltraité ?

PRIDAMANT

Oracle de nos jours qui connais toutes choses,
110 En vain de ma douleur je cacherais les causes,
Tu sais trop quelle fut mon injuste rigueur,
Et vois trop clairement les secrets de mon cœur :
Il est vrai, j'ai failli[2], mais pour mes injustices
Tant de travaux en vain sont d'assez grands
                                            [supplices,
Donne enfin quelque borne à mes regrets cuisants,
Rends-moi l'unique appui de mes débiles ans[3],
Je le tiendrai rendu[4] si j'en sais des nouvelles,
L'amour pour le trouver me fournira des ailes,
Où fait-il sa retraite ? en quels lieux dois-je aller ?
120 Fût-il au bout du monde, on m'y verra voler.

ALCANDRE

Commencez d'espérer, vous saurez par mes
                                            [charmes[5]
Ce que le Ciel vengeur refusait à vos larmes,
Vous reverrez ce fils plein de vie et d'honneur,
De son bannissement il tire son bonheur.
C'est peu de vous le dire, en faveur de Dorante
Je veux vous faire voir sa fortune éclatante.
Les novices de l'art avecque[6] leurs encens

---

1. Te tourmente sans cesse.   2. J'ai eu tort.   3. L'âge où je suis
faible, la vieillesse.   4. J'estimerai qu'on me l'a rendu.   5. Sortilèges,
opérations magiques.   6. Voir la note 6 de la page 38.

Et leurs mots inconnus qu'ils feignent tous-
[puissants [1],
Leurs herbes, leurs parfums, et leurs cérémonies
130 Apportent au métier des longueurs infinies [2],
Qui ne sont après tout qu'un mystère pipeur [3].
Pour les faire valoir et pour vous faire peur,
Ma baguette à la main j'en ferai davantage,

Il donne un coup de baguette et on tire un rideau derrière
lequel sont en parade les plus beaux habits des Comé-
diens.

Jugez de votre fils par un tel équipage [4].
Eh bien, celui d'un Prince a-t-il plus de splendeur [5] ?
Et pouvez-vous encor douter de sa grandeur ?

PRIDAMANT

D'un amour paternel vous [6] flattez les tendresses,
Mon fils n'est point du rang à porter ces richesses,
Et sa condition ne saurait endurer
140 Qu'avecque tant de pompe il ose se parer.

ALCANDRE

Sous un meilleur destin sa fortune rangée
Et sa condition avec le temps changée,
Personne maintenant n'a de quoi murmurer [7]
Qu'en public de la sorte il ose se parer.

---

1. Au XVIIe siècle, *tout* est considéré comme un adjectif, et s'accorde.
Voir également, au vers 1223, *tous prêts*.   2. Alcandre condamne les
magiciens aux poudres et aux formules magiques qui sont la honte de la
corporation.   3. Trompeur.   4. L'« équipage » désigne ici le costume.
5. Premier élément du piège construit par Alcandre : Pridamant (et le
public) croira à l'acte V que Clindor est réellement devenu grand seigneur,
parce que, au XVIIe siècle, les comédiens avaient effectivement d'aussi beaux
habits que ceux des princes qu'ils représentaient. L'ambiguïté des paroles du
magicien ne peut être perçue qu'à la relecture.   6. Passage inexpliqué du
tutoiement au voussoiement : Pridamant semble s'adresser désormais à
Alcandre comme à un homme et non plus comme à un « démon ».
7. Faire entendre une protestation.

PRIDAMANT

À cet espoir si doux j'abandonne mon âme,
Mais parmi ces habits je vois ceux d'une femme :
Serait-il marié ?

ALCANDRE

                    Je vais de ses amours
Et de tous ses hasards[1] vous faire le discours,
Toutefois si votre âme était assez hardie
150 Sous une illusion[2] vous pourriez voir sa vie,
Et tous ses accidents[3] devant vous exprimés
Par des spectres pareils à des corps animés ;
Il ne leur manquera ni geste, ni parole.

PRIDAMANT

Ne me soupçonnez point d'une crainte frivole[4],
Le portrait de celui que je cherche en tous lieux
Pourrait-il par sa vue épouvanter mes yeux ?

ALCANDRE, *à Dorante*

Mon Cavalier de grâce il faut faire retraite[5],
Et souffrir qu'entre nous l'histoire en soit secrète.

PRIDAMANT

Pour un si bon ami je n'ai point de secrets.

DORANTE

160 Il vous faut sans réplique accepter ses arrêts[6].
Je vous attends chez moi.

ALCANDRE

                         Ce soir si bon lui semble,
Il vous apprendra tout quand vous serez ensemble.

---

1. Périls, aventures comportant des risques. 2. Fausse apparence,
apparence illusoire. L'idée de tromperie, comprise dans le titre de la pièce,
est ici exclue par le contexte. 3. Les événements qui lui sont arri-
vés. 4. Qui ne repose sur rien de sérieux. 5. Se retirer. Alcandre
demande à Dorante de les laisser seuls pour ménager la pudeur du
père. 6. Ce qu'Alcandre demande.

Scène 3

ALCANDRE, PRIDAMANT

ALCANDRE

Votre fils tout d'un coup ne fut pas grand seigneur,
Toutes ses actions ne vous font pas honneur,
Et je serais marri[1] d'exposer sa misère
En spectacle à des yeux autres que ceux d'un père.
Il vous prit quelque argent, mais ce petit butin
À peine lui dura du soir jusqu'au matin.
Et pour gagner Paris il vendit par la plaine
170 Des brevets à chasser la fièvre et la migraine[2],
Dit la bonne aventure, et s'y rendit ainsi.
Là, comme on vit d'esprit, il en vécut aussi ;
Dedans Saint-Innocent il se fit Secrétaire[3],
Après montant d'état[4], il fut Clerc d'un Notaire ;
Ennuyé de la plume, il la quitta soudain
Et dans l'Académie il joua de la main[5],
Il se mit sur la rime, et l'essai de sa veine
Enrichit les chanteurs de la Samaritaine[6] :
Son style prit après de plus beaux ornements,
180 Il se hasarda même à faire des Romans,
Des chansons pour Gautier, des pointes pour

[Guillaume[7],

Depuis il trafiqua de chapelets de baume,

---

1. Désolé.   2. Clindor vend des sortes d'amulettes censées protéger contre les affections bénignes.   3. Les galeries du cloître de Saint-Innocent (près des Halles) abritaient des écrivains publics.   4. S'élevant socialement.   5. *Académie* désigne tout lieu où l'on se réunit, et le plus souvent une salle de jeu. On ne sait si Clindor, en « jouant de la main », a tout simplement joué aux cartes ou aux dés, s'il a en outre triché, ou s'il y a fait du vol à la tire.   6. Clindor s'est fait parolier pour les chanteurs qui se tenaient sur le Pont-Neuf, près de la fontaine de la Samaritaine.   7. Allusion à Gaultier-Garguille et à Gros-Guillaume, deux des plus célèbres farceurs parisiens de l'époque (avec Turlupin). Toute représentation théâtrale commençait par un Prologue, truffé de jeux de mots (« pointes »), se poursuivait par la grande pièce en cinq actes, elle-même suivie par une farce, et se terminait par une « chanson ». Les chansons de Gaultier-Garguille ont été rassemblées en volume en 1632.

Vendit du Mithridate en maître Opérateur[1],
Revint dans le Palais et fut Solliciteur[2],
Enfin jamais Buscon, Lazarille de Tormes
Sayavèdre et Gusman ne prirent tant de formes[3] :
C'était là pour Dorante un honnête entretien !

PRIDAMANT
Que je vous suis tenu[4] de ce qu'il[5] n'en sait rien !

ALCANDRE
Sans vous faire rien voir, je vous en fais un conte
190 Dont le peu de longueur épargne votre honte :
Las de tant de métiers sans honneur et sans fruit
Quelque meilleur destin à Bordeaux l'a conduit,
Et là comme il pensait au choix d'un exercice[6],
Un brave du pays l'a pris à son service :
Ce guerrier amoureux en a fait son Agent,
Cette commission[7] l'a remeublé d'argent[8],
Il sait avec adresse en portant les paroles
De la vaillante dupe attraper les pistoles[9],
Même de son Agent il s'est fait son rival,

---

1. Les *opérateurs* sont des charlatans qui vendent des médicaments. Certains ont été très célèbres, notamment par leur art du boniment. Un ennemi de Molière, souvent bien renseigné sur son passé, a laissé entendre que Molière avait été opérateur (*Elomire Hypocondre* de Le Boulanger de Chalussay). Les *chapelets de baume* sont probablement des colliers de pâtes odorantes destinées à guérir les blessures ; le *mithridate* est un contrepoison, du nom de ce fameux roi de l'Antiquité, ennemi acharné des Romains, qui s'était immunisé contre les poisons.   2. Quiconque s'emploie activement à faire réussir une affaire est un *solliciteur*. On voit que ce métier était infiniment en dessous de celui d'avocat.   3. Ces quatre personnages sont les héros de trois des plus célèbres romans picaresques espagnols : dans l'ordre chronologique, *Lazarillo de Tormes* (1554, traduit en français en 1560), *Buscon* (de Quevedo, 1626, traduit en 1633), et *La Vida de Guzman de Alfarache* (de Mateo Aleman, 1599, traduit en 1600, puis une nouvelle fois en 1632).   4. Je vous suis obligé.   5. « Il » représente Dorante.
6. Activité, occupation.   7. Charge.   8. Lui a fourni de l'argent.
9. Pièces de monnaie battues en Espagne. Elles avaient la même valeur que les louis (dix livres, ou francs) et s'échangeaient dans toute l'Europe. Ce choix est-il seulement dicté par la rime, ou par le caractère hispanisant de Matamore ?

200 Et la beauté qu'il sert ne lui veut point de mal[1].
Lorsque de ses amours vous aurez vu l'histoire
Je vous le veux montrer plein d'éclat et de gloire,
Et la même action[2] qu'il pratique aujourd'hui[3].

PRIDAMANT

Que déjà cet espoir soulage mon ennui !

ALCANDRE

Il a caché son nom en battant la campagne
Et s'est fait de Clindor le sieur de la Montagne,
C'est ainsi que tantôt vous l'entendrez nommer.
Voyez tout sans rien dire, et sans vous alarmer.
Je tarde un peu beaucoup pour votre impatience,
210 N'en concevez pourtant aucune défiance,
C'est qu'un charme ordinaire a trop peu de pouvoir
Sur les spectres parlants qu'il faut vous faire voir.
Entrons dedans ma grotte afin que j'y prépare
Quelques charmes nouveaux pour un effet si rare.

---

1. Litote (dire le moins pour faire entendre le plus) : elle l'aime.
2. L'action même. Au XVIIe siècle, on ne distinguait pas les différentes positions de « même ».   3. L'action même qu'il pratique (complément de montrer). Encore une ambiguïté : le métier de comédien, qui est désormais celui de Clindor, est clairement désigné ici — pour celui qui lit très attentivement.

ACTE II

Scène 1

ALCANDRE, PRIDAMANT

ALCANDRE

Quoi qui s'offre à vos yeux n'en ayez point d'effroi.
De ma grotte surtout ne sortez qu'après moi,
Sinon, vous êtes mort. Voyez déjà paraître
Sous deux fantômes vains [1], votre fils et son Maître.

PRIDAMANT

Ô Dieux [2] ! je sens mon âme après lui s'envoler.

ALCANDRE

220 Faites-lui du silence et l'écoutez parler.

---

1. Le sens est étymologique : sans consistance, sans réalité.   2. Par souci des bienséances, dans une œuvre profane, on ne mentionnait pas le nom de Dieu. On employait toujours le pluriel, comme pour renvoyer aux dieux de la mythologie.

Scène 2

MATAMORE, CLINDOR

CLINDOR

Quoi ? Monsieur, vous rêvez ! et cette âme hautaine
Après tant de beaux faits semble être encore en
[peine !
N'êtes-vous point lassé d'abattre des guerriers ?
Soupirez-vous après[1] quelques nouveaux lauriers ?

MATAMORE

Il est vrai que je rêve, et ne saurais résoudre
Lequel je dois des deux le premier mettre en poudre
Du grand Sophi de Perse, ou bien du grand Mogor[2].

CLINDOR

Et de grâce, Monsieur, laissez-les vivre encor.
Qu'ajouterait leur perte à votre renommée ?
230 Et puis quand auriez-vous rassemblé votre armée ?

MATAMORE

Mon armée ! ah, poltron ! ah, traître ! pour leur mort
Tu crois donc que ce bras ne soit pas assez fort !
Le seul bruit de mon nom renverse les murailles,
Défait les escadrons, et gagne les batailles[3],
Mon courage invaincu contre les Empereurs
N'arme que la moitié de ses moindres fureurs,

---

1. Aspirez-vous à.   **2.** *Sophi* désignait le chah de Perse. *Mogor* est une déformation de Mogol (ou Moghol) : les *Grands Moghols* sont une dynastie (d'origine mongole) qui régna sur le nord de l'Inde du XVIe au XVIIIe siècle. Quand Corneille écrit *L'Illusion comique*, l'empire moghol est à son apogée. Le souverain régnant est en train de faire élever à Agra le fameux Taj Mahâl.   **3.** Boileau n'a pas hésité à démarquer ces deux vers dans une épître *Au Roi* en 1672 (*Épître IV*, v. 133-134) : « Condé, dont le seul nom fait tomber les murailles, / Force les escadrons et gagne les batailles. » La rhétorique de l'éloge utilise toujours les mêmes formules et recherche les mêmes sonorités. Le ridicule vient ici de ce que Matamore fait son propre éloge.

D'un seul commandement que je fais aux trois
                                  [Parques
Je dépeuple l'État des plus heureux Monarques,
Le foudre est mon canon, les destins mes soldats,
240   Je couche d'un revers mille ennemis à bas,
D'un souffle je réduis leurs projets en fumée,
Et tu m'oses parler cependant d'une armée !
Tu n'auras plus l'honneur de voir un second Mars,
Je vais t'assassiner d'un seul de mes regards,
Veillaque[1]. Toutefois je songe à ma maîtresse,
Le penser m'adoucit ; va, ma colère cesse,
Et ce petit archer qui dompte tous les Dieux[2]—,
Vient de chasser la mort qui logeait dans mes yeux.
Regarde, j'ai quitté cette effroyable mine
250   Qui massacre, détruit, brise, brûle, extermine,
Et, pensant au bel œil qui tient ma liberté
Je ne suis plus qu'amour, que grâce, que beauté.

CLINDOR

Ô Dieux ! en un moment que tout vous est possible !
Je vous vois aussi beau que vous étiez terrible,
Et ne crois point d'objet[3] si ferme en sa rigueur
Qui puisse constamment[4] vous refuser son cœur.

MATAMORE

Je te le dis encor ne sois plus en alarme,
Quand je veux j'épouvante, et quand je veux, je
                                   [charme,
Et, selon qu'il me plaît je remplis tour à tour
260   Les hommes de terreur et les femmes d'amour.
Du temps que ma beauté m'était inséparable[5]
Leurs persécutions me rendaient misérable,
Je ne pouvais sortir sans les faire pâmer,

---

1. Déformation gasconne de l'espagnol *bellaco*, *vellaco*, coquin, lâche.   2. Amour (Éros chez les Grecs, Cupidon chez les Romains) était généralement représenté comme un enfant ailé qui blesse les cœurs de ses flèches.   3. Femme aimée, dans le vocabulaire amoureux de la poésie.   4. Avec constance.   5. Du temps où ma beauté était inséparable de ma personne, par opposition à maintenant, où « je suis beau quand je veux seulement » (voir v. 284).

Mille mouraient par jour à force de m'aimer,
J'avais des rendez-vous de toutes les Princesses,
Les Reines à l'envi mendiaient mes caresses,
Celle d'Éthiopie, et celle du Japon
Dans leurs soupirs d'amour ne mêlaient que mon
[nom,
De passion pour moi deux Sultanes troublèrent[1],
270 Deux autres pour me voir du sérail s'échappèrent,
J'en fus mal quelque temps avec le Grand Seigneur[2].

CLINDOR

Son mécontentement n'allait qu'à votre honneur.

MATAMORE

Ces pratiques nuisaient à mes desseins de guerre
Et pouvaient m'empêcher de conquérir la terre :
D'ailleurs j'en devins las et pour les arrêter
J'envoyai le Destin dire à son Jupiter[3]
Qu'il trouvât un moyen qui fît cesser les flammes[4]
Et l'importunité dont m'accablaient les Dames,
Qu'autrement ma colère irait dedans les Cieux
280 Le dégrader soudain de l'empire des Dieux,
Et donnerait à Mars à[5] gouverner son foudre[6].
La frayeur qu'il en eut le fit bientôt résoudre,
Ce que je demandais fut prêt en un moment,
Et depuis je suis beau quand je veux seulement.

---

1. Le verbe *troubler* est très rarement employé absolument au XVIIᵉ siècle. On peut comprendre « se troublèrent », ou « troublèrent leur raison » ; dans les deux cas, le sens est très fort : les deux sultanes devinrent folles (voir à la fin de l'article *troubler* dans le Dictionnaire de Furetière : « on dit aussi qu'un homme est troublé pour dire plus honnêtement qu'il est fou »). 2. Le chef de l'Empire ottoman, appelé aussi le Grand Turc. 3. « Jupiter » peut rimer avec « arrêter » au vers précédent car toutes les consonnes finales étaient prononcées au théâtre. 4. Les « flammes », dans le vocabulaire précieux, désignent la passion amoureuse. 5. Et donnerait à Mars le soin de. 6. « Foudre » est au XVIIᵉ siècle tantôt masculin, tantôt féminin.

CLINDOR

Que j'aurais sans cela de poulets[1] à vous rendre[2].

MATAMORE

De quelle que ce soit garde-toi bien d'en prendre
Sinon de... Tu m'entends. Que dit-elle de moi ?

CLINDOR

Que vous êtes des cœurs, et le charme et l'effroi,
Et que si quelque effet[3] peut suivre vos promesses
290 Son sort est plus heureux que celui des Déesses.

MATAMORE

Écoute, en ce temps-là dont tantôt je parlois,
Les Déesses aussi se rangeaient sous mes lois,
Et je te veux conter une étrange aventure
Qui jeta du désordre en toute la nature,
Mais désordre aussi grand qu'on en voie arriver.
Le Soleil fut un jour sans se pouvoir lever,
Et ce visible Dieu que tant de monde adore
Pour marcher devant lui ne trouvait point d'Aurore ;
On la cherchait partout, au lit du vieux Tithon,
300 Dans les bois de Céphale, au palais de Memnon,
Et, faute de trouver cette belle fourrière[4],
Le jour jusqu'à midi se passait sans lumière.

CLINDOR

Où se pouvait cacher la Reine des Clartés ?

MATAMORE

Parbleu je la tenais encore à mes côtés,
Aucun n'osa jamais la chercher dans ma chambre,
Et le dernier de Juin fut un jour de Décembre,

---

1. Petit billet amoureux, « ainsi nommé parce qu'en le pliant on y faisait
deux pointes qui représentaient les ailes d'un *poulet* » (Dictionnaire de
Furetière). 2. Transmettre. 3. Résultat. 4. Aurore est une belle
fourrière parce qu'elle prépare la venue du Soleil (comme les fourriers précé-
daient le roi et la Cour en déplacement pour préparer leurs logis). Mariée
au vieux Tithon, dont elle eut un fils, Memnon, prince d'Éthiopie, elle
aima Céphale, fils de Mercure.

Car enfin supplié par le Dieu du Sommeil
Je la rendis au monde et l'on vit le Soleil.

CLINDOR

Cet étrange accident me revient en mémoire,
310 J'étais lors en Mexique, où j'en appris l'histoire
Et j'entendis conter que la Perse en courroux
De l'affront de son Dieu[1] murmurait contre vous.

MATAMORE

J'en ouïs quelque chose, et je l'eusse punie,
Mais j'étais engagé dans la Transylvanie,
Où ses Ambassadeurs qui vinrent l'excuser
À force de présents me surent apaiser.

CLINDOR

Que la clémence est belle en un si grand courage !

MATAMORE

Contemple, mon ami, contemple ce visage :
Tu vois un abrégé de toutes les vertus.
320 D'un monde d'ennemis sous mes pieds abattus
Dont la race est périe, et la terre déserte[2],
Pas un qu'à son orgueil n'a jamais dû sa perte[3],
Tous ceux qui font hommage à mes perfections
Conservent leurs États par leurs submissions[4].
En Europe où les Rois sont d'une humeur civile
Je ne leur rase point de château ni de ville,
Je les souffre régner[5] : mais chez les Africains,
Partout où j'ai trouvé des Rois un peu trop vains
J'ai détruit les pays avecque[6] les Monarques,

---

1. Génitif objectif : « l'affront infligé à son Dieu ».   2. Désertée.
3. Tous n'ont jamais dû leur perte qu'à leur orgueil.   4. Soumissions.   5. Proposition infinitive : « je souffre [c'est-à-dire : je tolère] qu'ils règnent ».   6. Jusqu'à la fin du XVIIᵉ siècle, les deux formes *avec* et *avecque* sont jugées aussi acceptables l'une que l'autre par les grammairiens et les lexicologues. Néanmoins *avecque*, du fait de ses trois syllabes, est souvent considéré comme une facilité de versification, et Corneille le remplace ici en 1660 par *pour punir* : « J'ai détruit les pays pour punir leurs monarques. »

330 Et leurs vastes déserts en sont de bonnes marques,
Ces grands sables qu'à peine on passe [1] sans horreur
Sont d'assez beaux effets de ma juste fureur.

CLINDOR

Revenons à l'amour, voici votre maîtresse.

MATAMORE

Ce diable de rival l'accompagne sans cesse.

CLINDOR

Où vous retirez-vous ?

MATAMORE

                    Ce fat n'est pas vaillant
Mais il a quelque humeur qui le rend insolent,
Peut-être qu'orgueilleux d'être avec cette belle
Il serait assez vain pour me faire querelle.

CLINDOR

Ce serait bien courir lui-même à son malheur.

MATAMORE

340 Lorsque j'ai ma beauté, je n'ai point ma valeur [2].

CLINDOR

Cessez d'être charmant et faites-vous terrible.

MATAMORE

Mais tu n'en prévois pas l'accident infaillible.
Je ne saurais me faire effroyable à demi,
Je tuerais ma maîtresse avec mon ennemi.
Attendons en ce coin l'heure qui les sépare [3].

CLINDOR

Comme votre valeur votre prudence est rare.

---

1. Traverse.   2. Les qualités de beauté et de courage ne peuvent se cumuler simultanément chez Matamore.   3. Le moment où ils se sépareront.

Scène 3

ADRASTE, ISABELLE

ADRASTE

Hélas ! s'il est ainsi, quel malheur est le mien !
Je soupire, j'endure, et je n'avance rien,
Et malgré les transports de mon amour extrême,
350 Vous ne voulez pas croire encor que je vous aime.

ISABELLE

Je ne sais pas, Monsieur, de quoi vous me blâmez,
Je me connais aimable, et crois que vous m'aimez,
Dans vos soupirs ardents j'en vois trop d'apparence,
Et quand bien[1] de leur part j'aurais moins
                                              [d'assurance,
Pour peu qu'un honnête homme ait vers moi de
                                              [crédit[2],
Je lui fais la faveur de croire ce qu'il dit.
Rendez-moi la pareille, et puisque à votre flamme
Je ne déguise rien de ce que j'ai dans l'âme,
Faites-moi la faveur de croire sur ce point,
360 Que bien que vous m'aimiez je ne vous aime point.

ADRASTE

Cruelle, est-ce là donc ce que vos injustices
Ont réservé de prix à de si longs services ?
Et mon fidèle amour est-il si criminel
Qu'il doive être puni d'un mépris éternel ?

ISABELLE

Nous donnons bien souvent de divers noms aux
                                              [choses,
Des épines pour moi, vous les nommez des roses,
Ce que vous appelez service, affection,
Je l'appelle supplice et persécution.
Chacun dans sa croyance également s'obstine,

---

1. Variante de *quand bien même*.   2. Ait mon estime.

370 Vous pensez m'obliger d'un feu qui m'assassine [1],
    Et la même action à votre sentiment
    Mérite récompense, au mien un châtiment.

ADRASTE

Donner un châtiment, à des flammes si saintes,
Dont j'ai reçu du Ciel les premières atteintes !
Oui, le Ciel au moment qu'il me fit respirer
Ne me donna du cœur que pour vous adorer,
Mon âme prit naissance avecque votre idée [2],
Avant que de vous voir vous l'avez possédée,
Et les premiers regards dont m'aient frappé vos yeux
380 N'ont fait qu'exécuter l'ordonnance des Cieux,
Que vous saisir d'un bien qu'ils avaient fait tout
                                            [vôtre [3].

ISABELLE

Le Ciel m'eût fait plaisir d'en enrichir un autre,
Il vous fit pour m'aimer et moi pour vous haïr,
Gardons-nous bien tous deux de lui désobéir.
Après tout, vous avez bonne part à sa haine
Ou de quelque grand crime il vous donne la peine
Car je ne pense pas qu'il soit supplice égal
D'être forcé d'aimer qui vous traite si mal.

ADRASTE

Puisque ainsi vous jugez que ma peine est si dure,
390 Prenez quelque pitié des tourments que j'endure.

ISABELLE

Certes j'en ai beaucoup, et vous plains d'autant plus
Que je vois ces tourments passer pour superflus,

---

1. Vous pensez me faire une faveur en m'offrant votre amour qui m'importune.   2. On appréciera le platonisme d'Adraste : l'Idée d'Isabelle préexistait à sa connaissance, si bien que, lorsque Adraste la rencontra, la parfaite coïncidence de l'Idée et de son objet entraîna un amour foudroyant.   3. Saisir quelqu'un de quelque chose : lui livrer quelque chose, le mettre en possession de quelque chose (emploi juridique du verbe *saisir*).

Et n'avoir pour tout fruit d'une longue souffrance,
Que l'incommode honneur d'une triste constance.

ADRASTE

Un père l'autorise et mon feu maltraité
Enfin aura recours à son autorité.

ISABELLE

Ce n'est pas le moyen de trouver votre compte,
Et d'un si beau dessein vous n'aurez que la honte.

ADRASTE

J'espère voir pourtant avant la fin du jour
400 Ce que peut son vouloir[1] au défaut de l'amour.

ISABELLE

Et moi j'espère voir, avant que le jour passe,
Un amant accablé de nouvelle disgrâce.

ADRASTE

Eh quoi ! cette rigueur ne cessera jamais ?

ISABELLE

Allez trouver mon père, et me laissez en paix.

ADRASTE

Votre âme au repentir de sa froideur passée,
Ne la veut point quitter sans être un peu forcée,
J'y vais tout de ce pas, mais avec des serments
Que c'est pour obéir à vos commandements.

ISABELLE

Allez continuer une vaine poursuite.

---

1. « Vouloir » est un infinitif employé en substantif : sa volonté.

Scène 4

MATAMORE, ISABELLE, CLINDOR, PAGE

MATAMORE

410 Eh bien ? dès qu'il m'a vu comme[1] a-t-il pris la
                                              [fuite ?
M'a-t-il bien su quitter la place[2] au même instant ?

ISABELLE

Ce n'est pas honte à lui, les Rois en font autant,
Au moins si ce grand bruit qui court de vos
                                              [merveilles
N'a trompé mon esprit en frappant mes oreilles.

MATAMORE

Vous le pouvez bien croire, et pour le témoigner,
Choisissez en quels lieux il vous plaît de régner,
Ce bras tout aussitôt vous conquête[3] un Empire,
J'en jure par lui-même, et cela, c'est tout dire.

ISABELLE

Ne prodiguez pas tant ce bras toujours vainqueur
420 Je ne veux point régner que dessus votre cœur[4],
Toute l'ambition que me donne ma flamme
C'est d'avoir pour sujets les désirs de votre âme.

MATAMORE

Ils vous sont tous acquis et pour vous faire voir
Que vous avez sur eux un absolu pouvoir,
Je n'écouterai plus cette humeur de conquête,
Et, laissant tous les Rois leurs Couronnes en tête
J'en prendrai seulement deux ou trois pour valets
Qui viendront à genoux vous rendre mes poulets[5].

---

1. Comment.   **2.** Laisser la place.   **3.** « Conquêter » était utilisé
parallèlement à conquérir. Le terme « conquêter » sera considéré comme
vieilli dès le milieu du XVIIᵉ siècle.   **4.** Je ne veux régner que sur votre
cœur.   **5.** Voir ci-dessus la note du vers 285, p. 37.

ISABELLE

L'éclat de tels suivants attirerait l'envie
430 Sur le rare bonheur où je coule ma vie.
Le commerce discret de nos affections
N'a besoin que de lui pour ces commissions.

Elle montre Clindor.

MATAMORE

Vous avez, Dieu me sauve, un esprit à ma mode,
Vous trouvez comme moi la grandeur incommode,
Les sceptres les plus beaux n'ont rien pour moi
                                              [d'exquis,
Je les rends aussitôt que je les ai conquis,
Et me suis vu charmer quantité de Princesses
Sans que jamais mon cœur acceptât ces maîtresses.

ISABELLE

Certes en ce point seul je manque un peu de foi[1],
440 Que vous ayez quitté des Princesses pour moi !
Qu'elles n'aient pu blesser un cœur dont je dispose !

MATAMORE

Je crois que la Montagne en saura quelque chose.
Viens çà, lorsqu'en la Chine en ce fameux tournoi
Je donnai dans la vue aux deux filles du Roi,
Sus-tu rien de leur flamme et de la jalousie
Dont pour moi toutes deux avaient l'âme saisie ?

CLINDOR

Par vos mépris enfin l'une et l'autre mourut[2].
J'étais lors en Égypte, où le bruit en courut,
Et ce fut en ce temps que la peur de vos armes
450 Fit nager le grand Caire en un fleuve de larmes :
Vous veniez d'assommer dix Géants en un jour,
Vous aviez désolé les pays d'alentour,
Rasé quinze châteaux, aplani deux montagnes,

---

1. Confiance.   2. Survivance de la syntaxe latine : l'accord se fait avec le sujet le plus proche du verbe.

Fait passer par le feu, villes, bourgs, et campagnes,
Et défait vers Damas cent mille combattants.

MATAMORE

Que tu remarques bien et les lieux et les temps !
Je l'avais oublié.

ISABELLE

                    Des faits si pleins de gloire
Vous peuvent-ils ainsi sortir de la mémoire ?

MATAMORE

Trop pleine de lauriers remportés sur les rois
460 Je ne la charge point de ces menus exploits.

PAGE

Monsieur.

MATAMORE

                    Que veux-tu, Page.

PAGE

                              Un Courrier vous
                                        [demande.

MATAMORE

D'où vient-il ?

PAGE

                    De la part de la Reine d'Islande.

MATAMORE

Ciel qui sais comme quoi j'en suis persécuté,
Un peu plus de repos avec moins de beauté [1],
Fais qu'un si long mépris enfin la désabuse [2].

---

1. « Ciel, toi qui sais combien elle me persécute, donne-moi un peu plus de repos avec moins de beauté. » Matamore fait au Ciel la même demande qu'il a faite autrefois à Jupiter (v. 276-284) : le rendre laid pour que les femmes cessent de le poursuivre.   2. La tire de l'illusion qui lui fait croire que je l'aime.

CLINDOR, *à Isabelle*
Voyez ce que pour vous ce grand guerrier refuse.

ISABELLE
Je n'en puis plus douter.

CLINDOR
Il vous le disait bien.

MATAMORE
Elle m'a beau prier, non, je n'en ferai rien
Et quoi qu'un fol espoir ose encor lui promettre.
470 Je lui vais envoyer sa mort dans une lettre.
Trouvez-le bon, ma Reine, et souffrez cependant
Une heure d'entretien de ce cher confident,
Qui comme de ma vie il sait toute l'histoire,
Vous fera voir sur qui vous avez la victoire.

ISABELLE
Tardez encore moins, et, par ce prompt retour,
Je jugerai quelle est envers moi votre amour[1].

Scène 5
CLINDOR, ISABELLE

CLINDOR
Jugez plutôt par là, l'humeur du personnage.
Ce page n'est chez lui que pour ce badinage,
Et venir d'heure en heure avertir Sa Grandeur,
480 D'un Courrier, d'un Agent, ou d'un Ambassadeur.

ISABELLE
Ce message me plaît bien plus qu'il ne lui semble :
Il me défait d'un fou pour nous laisser ensemble.

---

1. *Amour* est ici de genre féminin, comme aux vers 1038, 1121, 1701.

CLINDOR

Ce discours favorable enhardira mes feux
À bien user d'un temps si propice à mes vœux.

ISABELLE

Que m'allez-vous conter ?

CLINDOR

                          Que j'adore Isabelle.
Que je n'ai plus de cœur ni d'âme que pour elle ;
Que ma vie...

ISABELLE

                          Épargnez ces propos superflus.
Je les sais, je les crois, que voulez-vous de plus ?
Je néglige à vos yeux l'offre d'un diadème[1],
490 Je dédaigne un rival, en un mot je vous aime.
C'est aux commencements des faibles passions
À s'amuser encore aux protestations,
Il suffit de nous voir, au point où sont les nôtres,
Un clin d'œil vaut pour vous tout le discours des
                                              [autres.

CLINDOR

Dieux qui l'eût jamais cru que mon sort rigoureux
Se rendît si facile à mon cœur amoureux !
Banni[2] de mon pays par la rigueur d'un père,
Sans support, sans amis, accablé de misère,
Et réduit à flatter le caprice arrogant
500 Et les vaines humeurs d'un maître extravagant,
En ce piteux état ma fortune si basse
Trouve encor quelque part en votre bonne grâce,
Et d'un rival puissant les biens, et la grandeur,
Obtiennent moins sur vous que ma sincère ardeur !

---

1. Il s'agit des promesses de Matamore. Le vers suivant concerne Adraste.
2. Syntaxiquement, le participe « banni » ne se rapporte à aucun mot de la phrase. Il concerne bien évidemment Clindor.

ISABELLE

C'est comme il faut choisir, et l'amour véritable
S'attache seulement à ce qu'il voit d'aimable :
Qui regarde les biens, ou la condition,
N'a qu'un amour avare ou plein d'ambition
Et souille lâchement par ce mélange infâme
510 Les plus nobles désirs qu'enfante une belle âme.
Je sais bien que mon père a d'autres sentiments
Et mettra de l'obstacle à nos contentements[1],
Mais l'amour sur mon cœur a pris trop de puissance
Pour écouter encor les lois de la naissance,
Mon père peut beaucoup, mais bien moins que ma foi,
Il a choisi pour lui, je veux choisir pour moi.

CLINDOR

Confus de voir donner à mon peu de mérite...

ISABELLE

Voici mon importun, souffrez que je l'évite.

Scène 6

ADRASTE, CLINDOR

ADRASTE

Que vous êtes heureux ! et quel malheur me suit !
520 Ma maîtresse vous souffre, et l'ingrate me fuit,
Quelque goût qu'elle prenne en votre compagnie
Sitôt que j'ai paru mon abord l'a bannie.

CLINDOR

Sans qu'elle ait vu vos pas s'adresser[2] en ce lieu,
Lasse de mes discours elle m'a dit adieu.

---

1. Mon père s'opposera à ce que nous désirons.   **2.** Se diriger vers.

ADRASTE

Lasse de vos discours ! votre humeur est trop bonne
Et votre esprit trop beau pour ennuyer personne.
Mais que lui contiez-vous qui pût l'importuner ?

CLINDOR

Des choses qu'aisément vous pouvez deviner,
Les amours de mon maître ou plutôt ses sottises ;
530 Ses conquêtes en l'air, ses hautes entreprises.

ADRASTE

Voulez-vous m'obliger ? Votre maître, ni vous
N'êtes pas gens tous deux à me rendre jaloux,
Mais, si vous ne pouvez arrêter ses saillies[1],
Divertissez[2] ailleurs le cours de ses folies.

CLINDOR

Que craignez-vous de lui, dont tous les compliments
Ne parlent que de morts et de saccagements,
Qu'il bat, terrasse, brise, étrangle, brûle, assomme ?

ADRASTE

Pour être son valet je vous trouve honnête homme[3],
Vous n'avez point la mine à servir sans dessein
540 Un fanfaron plus fou que son discours n'est vain,
Quoi qu'il en soit, depuis que je vous vois chez elle
Toujours de plus en plus je l'éprouve cruelle :
Ou vous servez quelque autre, ou votre qualité
Laisse dans vos projets trop de témérité,
Je vous tiens fort suspect de quelque haute adresse :
Que votre maître enfin fasse une autre maîtresse,
Ou s'il ne peut quitter un entretien si doux
Qu'il se serve du moins d'un autre que de vous.

---

1. Mouvements de folie, extravagances.   2. Détournez.   3. « On le
dit premièrement de l'homme de bien, du galant homme, qui a pris l'air
du monde, qui sait vivre » (Dictionnaire de Furetière). Cela ne suppose pas
la haute noblesse, mais cela exclut qu'un valet puisse l'être : Adraste entre-
voit sans le savoir le déguisement de Clindor.

Ce n'est pas qu'après tout les volontés d'un père[1]
550 Qui sait ce que je suis ne terminent l'affaire,
Mais purgez-moi l'esprit de ce petit souci,
Et si vous vous aimez[2] bannissez-vous d'ici,
Car si je vous vois plus regarder cette porte
Je sais comme[3] traiter les gens de votre sorte.

CLINDOR

Me croyez-vous bastant[4] de nuire à votre feu ?

ADRASTE

Sans réplique, de grâce, ou vous verrez beau jeu,
Allez, c'est assez dit.

CLINDOR

               Pour un léger ombrage
C'est trop indignement traiter un bon courage.
Si le Ciel en naissant ne m'a fait grand seigneur
560 Il m'a fait le cœur ferme et sensible à l'honneur,
Et je suis homme à rendre un jour ce qu'on me
                                [prête.

ADRASTE

Quoi ! vous me menacez ?

CLINDOR

                 Non, non, je fais retraite,
D'un si cruel affront vous aurez peu de fruit,
Mais ce n'est pas ici qu'il faut faire du bruit.

---

1. Nouvelle allusion à Géronte. Adraste avait déjà invoqué son autorité devant Isabelle (v. 395). 2. Si vous tenez à la vie. 3. Je sais comment. 4. *Bastant* (le *s* se prononce) : capable.

Scène 7

ADRASTE, LYSE

ADRASTE

Ce bélître [1] insolent me fait encor bravade.

LYSE

À ce compte, Monsieur, votre esprit est malade ?

ADRASTE

Malade ! mon esprit ?

LYSE

Oui, puisqu'il est jaloux
Du malheureux agent de ce Prince des fous.

ADRASTE

Je suis trop glorieux et crois trop d'Isabelle
570 Pour craindre qu'un valet me supplante auprès
[d'elle,
Je ne puis toutefois souffrir sans quelque ennui
Le plaisir qu'elle prend à rire avecque lui.

LYSE

C'est dénier ensemble et confesser la dette [2].

ADRASTE

Nomme, si tu le veux, ma boutade indiscrète [3],
Et trouve mes soupçons bien ou mal à propos,
Je l'ai chassé d'ici pour me mettre en repos.

---

1. Terme injurieux pour désigner un homme méprisable. Dans son sens premier, le bélître est un gueux, un indigent.   2. Furetière écrit : « On dit proverbialement qu'un homme [...] confesse la dette, pour dire qu'il est convaincu, qu'il reconnaît qu'il a tort. » On comprendra donc le vers ainsi : « C'est à la fois refuser d'être convaincu et avouer que vous l'êtes. »   3. « Estime, si tu le veux, que mon caprice *(boutade)* est hors de saison, mal à propos, intempestif *(indiscret)*. » Adraste, tiraillé entre divers sentiments, reconnaît que son comportement puisse être jugé capricieux.

En effet[1], qu'en est-il ?

LYSE
>   Si j'ose vous le dire,
> Ce n'est plus que pour lui, qu'Isabelle soupire.

ADRASTE
Ô Dieu que me dis-tu ?

LYSE
>   Qu'il possède son cœur,
> 580 Que jamais feux naissants n'eurent tant de vigueur,
> Qu'ils meurent l'un pour l'autre et n'ont qu'une
>   [pensée.

ADRASTE
Trop ingrate beauté, déloyale, insensée,
Tu m'oses donc ainsi préférer un maraud ?

LYSE
Ce rival orgueilleux le porte bien plus haut[2],
Et je vous en veux faire entière confidence,
Il se dit gentilhomme, et riche.

ADRASTE
>   Ah ! l'impudence !

LYSE
D'un père rigoureux fuyant l'autorité
Il a couru longtemps d'un et d'autre côté,
Enfin manque d'argent peut-être ou par caprice
590 De notre Rodomont[3] il s'est mis au service
Où choisi pour agent de ses folles amours
Isabelle a prêté l'oreille à ses discours ;
Il a si bien charmé cette pauvre abusée,
Que vous en avez vu votre ardeur méprisée.

---

1. Dans les faits.   2. Est fier, vaniteux. « On dit qu'un homme le porte
haut pour dire qu'il est altier, fier, audacieux » (*Dictionnaire de l'Académie*,
1694).   3. Voir la note 1, p. 60.

Mais parlez à son père et bientôt son pouvoir
Remettra son esprit aux termes du devoir.

ADRASTE

Je viens tout maintenant d'en tirer assurance
De recevoir les fruits de ma persévérance,
Et devant qu'il[1] soit peu nous en verrons l'effet,
600 Mais écoute, il me faut obliger tout à fait[2].

LYSE

Où je vous puis servir, j'ose tout entreprendre.

ADRASTE

Peux-tu dans leurs amours me les faire surprendre ?

LYSE

Il n'est rien plus aisé, peut-être dès ce soir.

ADRASTE

Adieu donc. Souviens-toi de me les faire voir.
Cependant prends ceci seulement par avance[3].

LYSE

Que le galant alors soit frotté d'importance[4].

ADRASTE

Crois-moi qu'il se verra pour te mieux contenter
Chargé d'autant de bois qu'il en pourra porter[5].

---

1. Avant que.   2. Il faut me satisfaire entièrement.   3. L'édition
de 1692 (donc posthume) signale ici qu'Adraste donne à Lyse un
diamant.   4. « Frotter d'importance » : donner des coups, battre.
5. Roué d'autant de coups de bâton qu'il en pourra supporter.

Scène 8

LYSE

L'arrogant croit déjà tenir ville gagnée[1],
610   Mais il sera puni de m'avoir dédaignée.
Parce qu'il est aimable il fait le petit Dieu,
Et ne veut s'adresser qu'aux filles de bon lieu[2],
Je ne mérite pas l'honneur de ses caresses :
Vraiment c'est pour son nez[3], il lui faut des maîtresses,
Je ne suis que servante, et qu'est-il que valet ?
Si son visage est beau, le mien n'est pas trop laid.
Il se dit riche et noble, et cela me fait rire,
Si loin de son pays qui n'en peut autant dire ?
Qu'il le soit, nous verrons ce soir, si je le tiens,
620   Danser sous le cotret[4] sa noblesse et ses biens.

Scène 9

ALCANDRE, PRIDAMANT

ALCANDRE
Le cœur vous bat un peu.

PRIDAMANT
             Je crains cette menace.

ALCANDRE
Lyse aime trop Clindor pour causer sa disgrâce.

PRIDAMANT
Elle en est méprisée et cherche à se venger.

ALCANDRE
Ne craignez point, l'amour la fera bien changer.

---

1. L'expression, qui appartient au registre militaire, signifie « avoir triomphé ».   2. De bonne naissance.   3. Ce ne sera pas pour lui.
4. Bois dont on fait les fagots, d'où petit bâton. Lyse espère voir Clindor danser sous les coups de bâton. C'est la punition des roturiers avec lesquels les nobles dédaignent de se battre en duel. Lyse ne s'attend pas à ce qu'Adraste veuille tuer lui-même Clindor (voir le vers 966, p. 72).

ACTE III

Scène 1

GÉRONTE, ISABELLE

GÉRONTE

Apaisez vos soupirs et tarissez vos larmes,
Contre ma volonté ce sont de faibles armes,
Mon cœur quoique sensible à toutes vos douleurs
Écoute la raison et néglige vos pleurs,
Je connais votre bien beaucoup mieux que vous-
[même,
630 Orgueilleuse, il vous faut, je pense, un diadème !
Et ce jeune baron avecque tout son bien
Passe encore chez vous pour un homme de rien !
Que lui manque après tout ? Bien fait de corps et
[d'âme,
Noble, courageux, riche, adroit, et plein de flamme,
Il vous fait trop d'honneur.

ISABELLE

                              Je sais qu'il est parfait,
Et reconnais fort mal les honneurs qu'il me fait,
Mais si votre bonté me permet en ma cause
Pour me justifier de dire quelque chose,
Par un secret instinct que je ne puis nommer
640 J'en fais beaucoup d'état[1] et ne le puis aimer.
De certains mouvements que le Ciel nous inspire

---

1. J'en fais grand cas, j'ai beaucoup d'estime pour lui.

Nous font aux yeux d'autrui souvent choisir le pire,
C'est lui qui d'un regard fait naître en notre cœur
L'estime ou le mépris, l'amour, ou la rigueur :
Il attache ici-bas avec des sympathies
Les âmes que son choix a là-haut assorties,
On n'en saurait unir sans ses avis secrets,
Et cette chaîne manque où manquent ses décrets.
Aller contre les lois de cette providence,
650 C'est le prendre à partie, et blâmer sa prudence,
L'attaquer en rebelle, et s'exposer aux coups
Des plus âpres malheurs qui suivent son courroux.

GÉRONTE

Impudente, est-ce ainsi que l'on se justifie ?
Quel maître vous apprend cette philosophie ?
Vous en savez beaucoup, mais tout votre savoir
Ne m'empêchera pas d'user de mon pouvoir.
Si le Ciel pour mon choix vous donne tant de haine,
Vous a-t-il mise en feu pour ce grand Capitaine ?
Ce guerrier valeureux vous tient-il dans ses fers,
660 Et vous a-t-il domptée avec tout l'univers ?
Ce fanfaron doit-il relever ma famille [1] ?

ISABELLE

Eh de grâce, Monsieur, traitez mieux votre fille.

GÉRONTE

Quel sujet donc vous porte à me désobéir ?

ISABELLE

Mon heur [2] et mon repos, que je ne puis trahir,
Ce que vous appelez un heureux Hyménée,
N'est pour moi qu'un enfer si j'y suis condamnée.

GÉRONTE

Ah qu'il en est encor de mieux faites que vous

---

1. Lui donner une meilleure position, la faire valoir.   2. « Heur » est souvent employé au XVIIe siècle comme synonyme de bonheur.

Qui se voudraient bien voir dans un enfer si doux !
Après tout, je le veux, cédez à ma puissance.

ISABELLE

670 Faites un autre essai de mon obéissance.

GÉRONTE

Ne me répliquez plus, quand j'ai dit, Je le veux,
Rentrez, c'est désormais trop contesté nous deux.

Scène 2

GÉRONTE

Qu'à présent la jeunesse a d'étranges manies !
Les règles du devoir lui sont des tyrannies,
Et les droits les plus saints deviennent impuissants
À l'empêcher de courre [1] après son propre sens :
Mais c'est l'humeur du sexe [2], il aime à contredire,
Pour secouer s'il peut le joug de notre empire [3],
Ne suit que son caprice en ses affections,
680 Et n'est jamais d'accord de [4] nos élections [5].
N'espère pas pourtant, aveugle et sans cervelle,
Que ma prudence cède à ton esprit rebelle.
Mais ce fou viendra-t-il toujours m'embarrasser ?
Par force, ou par adresse il me le faut chasser.

---

1. Autre infinitif de *courir* (cf. chasse à courre). Probablement déjà archaïque : en 1660, Corneille remplace ce vers par « Contre cette fierté qui l'attache à son sens ».   2. Sans adjectif qui le précise, « sexe » désigne l'ensemble des femmes.   3. Pouvoir, puissance.   4. Avec.   5. Choix.

Scène 3

GÉRONTE, MATAMORE, CLINDOR

MATAMORE, *à Clindor*

N'auras-tu point enfin pitié de ma fortune[1] ?
Le grand Vizir encor de nouveau m'importune.
Le Tartare d'ailleurs[2] m'appelle à son secours,
Narsingue et Calicut[3] m'en pressent tous les jours,
Si je ne les refuse, il me faut mettre en quatre.

CLINDOR

690 Pour moi, je suis d'avis que vous les laissiez battre.
Vous emploieriez trop mal vos invincibles coups,
Si pour en servir un vous faisiez trois jaloux.

MATAMORE

Tu dis bien, c'est assez de telles courtoisies,
Je ne veux qu'en Amour donner des jalousies.
Ah Monsieur, excusez si faute de vous voir,
Bien que si près de vous, je manquais au devoir[4].
Mais quelle émotion paraît sur ce visage ?
Où sont vos ennemis que j'en fasse un carnage ?

GÉRONTE

Monsieur, grâces aux Dieux je n'ai point d'ennemis.

MATAMORE

700 Mais grâces à ce bras qui vous les a soumis.

GÉRONTE

C'est une grâce encor que j'avais ignorée.

---

1. Événement heureux ou malheureux, sort. 2. D'un autre côté. 3. Deux villes de la côte de Malabâr en Inde. Calicut deviendra comptoir français en 1789, et exportera du tissu (calicot). 4. Je négligeais de vous saluer.

MATAMORE

Depuis que ma faveur pour vous s'est déclarée,
Ils sont tous morts de peur, ou n'ont osé branler[1].

GÉRONTE

C'est ailleurs maintenant qu'il vous faut signaler.
Il fait beau voir ce bras plus craint que le tonnerre,
Demeurer si paisible en un temps plein de guerre
Et c'est pour acquérir un nom bien relevé
D'être dans une ville à battre le pavé[2] !
Chacun croit votre gloire à faux titre usurpée
710 Et vous ne passez plus que pour traîneur d'épée.

MATAMORE

Ah ventre[3] ! il est tout vrai que vous avez raison,
Mais le moyen d'aller, si je suis en prison ?
Isabelle m'arrête, et ses yeux pleins de charmes
Ont captivé mon cœur et suspendu mes armes.

GÉRONTE

Si rien que son sujet ne vous tient arrêté[4]
Faites votre équipage[5] en toute liberté,
Elle n'est pas pour vous, n'en soyez point en peine.

MATAMORE

Ventre ! que dites-vous ? Je la veux faire reine.

GÉRONTE

Je ne suis pas d'humeur, à rire tant de fois
720 Du grotesque récit de vos rares exploits.
La sottise ne plaît qu'alors qu'elle est nouvelle :
En un mot, faites Reine une autre qu'Isabelle,
Si pour l'entretenir vous venez plus ici...

---

1. Bouger.   **2.** Errer dans les rues, aller et venir sans but.   **3.** Juron abrégé : « ventre bleu ! ». L'expression est employée par euphémisme à la place de « ventre de Dieu ! ».   **4.** Si c'est seulement Isabelle qui vous empêche de partir.   **5.** Préparez vos bagages pour le départ.

MATAMORE

Il a perdu le sens de me parler ainsi.
Pauvre homme sais-tu bien que mon nom effroyable
Met le grand Turc en fuite, et fait trembler le diable,
Que pour t'anéantir je ne veux qu'un moment ?

GÉRONTE

J'ai chez moi des valets à mon commandement,
Qui se connaissant mal à faire des bravades
730 Répondraient de la main à vos rodomontades[1].

MATAMORE, *à Clindor*

Dis-lui ce que j'ai fait en mille et mille lieux.

GÉRONTE

Adieu, modérez-vous, il vous en prendra mieux[2] :
Bien que je ne sois pas de ceux qui vous haïssent,
J'ai le sang un peu chaud[3] et mes gens m'obéissent.

Scène 4

MATAMORE, CLINDOR

MATAMORE

Respect de ma maîtresse, incommode vertu,
Tyran de ma vaillance, à quoi me réduis-tu ?
Que n'ai-je eu cent rivaux à la place d'un père
Sur qui, sans t'offenser, laisser choir ma colère ?
Ah visible démon, vieux spectre décharné,

---

1. Fanfaronnades. Mot tiré de Rodomont, personnage des poèmes chevaleresques italiens, *Roland amoureux* de Boiardo (1486), et *Roland furieux* de l'Arioste (1532) : guerrier sarrasin, il est doué d'une force surhumaine et du plus grand courage, mais son orgueil est à la mesure de ces qualités. Il a donc été très vite l'objet de parodies. Il est établi que Corneille a eu connaissance de nombreux petits libelles intitulés *Rodomontades espagnoles*, dont plusieurs ont été publiés à Rouen dans les trente premières années du XVIIe siècle.   2. Vous vous en trouverez mieux.   3. Je m'emporte facilement.

740   Vrai suppôt de Satan, médaille[1] de damné.
      Tu m'oses donc bannir et même avec menaces :
      Moi de qui tous les Rois briguent les bonnes grâces.

                         CLINDOR
      Tandis qu'il est dehors allez, dès aujourd'hui
      Causer de vos amours et vous moquer de lui.

                         MATAMORE
      Cadédiou[2], ses valets feraient quelque insolence.

                         CLINDOR
      Ce fer a trop de quoi dompter leur violence.

                         MATAMORE
      Oui, mais les feux qu'il jette en sortant de prison[3]
      Auraient en un moment embrasé la maison.
      Dévoré tout à l'heure[4] ardoises, et gouttières,
750   Faîtes, lattes, chevrons, montants, courbes[5],
                                               [filières[6],
      Entretoises[7], sommiers[8], colonnes, soliveaux,
      Pannes[9], soles[10], appuis, jambages[11], traveteaux[12],
      Portes, grilles, verrous, serrures, tuiles, pierre,
      Plomb, fer, plâtre, ciment, peinture, marbre, verre,
      Caves, puits, cours, perrons, salles, chambres,
                                               [greniers,
      Offices, cabinets, terrasses, escaliers,

---

   1. Figure, image de damné. Mais Corneille joue probablement aussi
avec une expression que signale Furetière : « se dit encore des personnes
vieilles et laides, et des figures ou bustes qui les représentent. [...] Voilà un
vilain homme, une vraie *médaille* de cocu ».   2. Juron gascon signifiant
« tête de Dieu ! ».   3. La « prison » de l'épée n'est autre que son four-
reau. La périphrase est précieuse.   4. Sur-le-champ.   5. Pièces de
bois recourbées en cintres.   6. Pièces de bois supportant les chevrons.   7. Pièces de bois reliant les poutres.   8. Poutres servant de
support.   9. Pièces de bois soutenant les chevrons.   10. Pièces de bois
posées à plat et servant d'appui.   11. Montants verticaux d'une baie,
d'une porte...   12. Petites poutres (diminutif de travée).

Juge un peu quel désordre aux yeux de ma
[charmeuse[1],
Ces feux étoufferaient son ardeur amoureuse,
Va lui parler pour moi, toi qui n'es pas vaillant,
760 Tu puniras à moins[2] un valet insolent.

CLINDOR

C'est m'exposer...

MATAMORE

    Adieu, je vois ouvrir la porte,
Et crains que sans respect cette canaille sorte.

Scène 5

CLINDOR, LYSE

CLINDOR

Le souverain poltron, à qui pour faire peur
Il ne faut qu'une feuille, une ombre, une vapeur,
Un vieillard le maltraite, il fuit pour une fille,
Et tremble à tous moments de crainte qu'on
[l'étrille[3].
Lyse, que ton abord doit être dangereux,
Il donne l'épouvante à ce cœur généreux[4],
Cet unique vaillant, la fleur des Capitaines,
770 Qui dompte autant de Rois qu'il captive de Reines.

LYSE

Mon visage est ainsi malheureux en attraits,
D'autres charment de loin, le mien fait peur de près.

---

1. Femme qui séduit grâce à des sortilèges.　**2.** À moindres frais, en causant moins de dégats.　**3.** « Étriller » : battre, malmener.　**4.** Courageux.

CLINDOR

S'il fait peur à des fous, il charme les plus sages,
Il n'est pas quantité de semblables visages,
Si l'on brûle pour toi, ce n'est pas sans sujet,
Je ne connus jamais un si gentil objet,
L'esprit beau, prompt, accort[1], l'humeur un peu
                          [railleuse,
L'embonpoint[2] ravissant, la taille avantageuse,
Les yeux doux, le teint vif, et les traits délicats,
780 Qui serait le brutal qui ne t'aimerait pas ?

LYSE

De grâce, et depuis quand, me trouvez-vous si belle ?
Voyez bien, je suis Lyse, et non pas Isabelle.

CLINDOR

Vous partagez vous deux mes inclinations,
J'adore sa fortune et tes perfections.

LYSE

Vous en embrassez[3] trop ; c'est assez pour vous
                          [d'une,
Et mes perfections cèdent à sa fortune.

CLINDOR

Bien que pour l'épouser je lui donne ma foi,
Penses-tu qu'en effet je l'aime plus que toi ?
L'amour et l'Hyménée ont diverse méthode,
790 L'un court au plus aimable, et l'autre au plus
                          [commode.
Je suis dans la misère et tu n'as point de bien,
Un rien s'assemble mal avec un autre rien.
Mais si tu ménageais ma flamme avec adresse,
Une femme est sujette, une amante est maîtresse,
Les plaisirs sont plus grands à se voir moins souvent,
La femme les achète, et l'amante les vend,

---

1. Avisé.   2. L'état, la santé du corps (qui suppose à cette époque des formes arrondies).   3. Vous en prenez trop.

Un amour par devoir bien aisément s'altère,
Les nœuds en sont plus forts quand il est volontaire,
Il hait toute contrainte, et son plus doux appas
800 Se goûte quand on aime et qu'on peut n'aimer pas.
Seconde avec douceur celui que je te porte.

LYSE

Vous me connaissez trop pour m'aimer de la sorte,
Et vous en parlez moins de votre sentiment
Qu'à dessein de railler par divertissement.
Je prends tout en riant comme vous me le dites,
Allez continuer cependant vos visites.

CLINDOR

Un peu de tes faveurs me rendrait plus content.

LYSE

Ma maîtresse là-haut est seule et vous attend.

CLINDOR

Tu me chasses ainsi !

LYSE

Non mais je vous envoie
810 Aux lieux où vous trouvez votre heur et votre joie.

CLINDOR

Que même tes dédains me semblent gracieux !

LYSE

Ah ! que vous prodiguez un temps si précieux !
Allez.

CLINDOR

Souviens-toi donc...

LYSE

De rien que m'ait pu dire...

CLINDOR

Un amant...

LYSE
Un causeur qui prend plaisir à rire.

Scène 6

LYSE

L'ingrat ! il trouve enfin mon visage charmant,
Et pour me suborner[1] il contrefait l'amant :
Qui hait ma sainte ardeur m'aime dans l'infamie,
Me dédaigne pour femme, et me veut pour amie[2] !
Perfide, qu'as-tu vu dedans mes actions
820 Qui te dût enhardir à ces prétentions ?
Qui t'a fait m'estimer digne d'être abusée,
Et juger mon honneur une conquête aisée ?
J'ai tout pris en riant, mais c'était seulement
Pour ne t'avertir pas de mon ressentiment,
Qu'eût produit son éclat que de la défiance[3] ?
Qui cache sa colère, assure sa vengeance,
Et ma feinte douceur, te laissant espérer,
Te jette dans les rets[4] que j'ai su préparer,
Va traître ; aime en tous lieux, et partage ton âme,
830 Choisis qui tu voudras pour maîtresse et pour
                                              [femme,
Donne à l'une ton cœur ; donne à l'autre ta foi,
Mais ne crois plus tromper Isabelle, ni moi.
Ce long calme bientôt va tourner en tempête,
Et l'orage est tout prêt à fondre sur ta tête,
Surpris[5] par un rival dans ce cher entretien,
Il[6] vengera d'un coup son malheur et le mien.
Toutefois qu'as-tu fait qui t'en rende coupable ?

---

1. Corrompre. On trouvera plus loin le substantif *suborneur* (v. 851,
967).   2. Maîtresse.   3. Qu'aurait produit la manifestation de mon
ressentiment, sinon te rendre défiant ?   4. Filets, pièges.   5. Quand tu
auras été surpris.   6. Ce rival.

Pour chercher sa fortune est-on si punissable ?
Tu m'aimes mais le bien[1] te fait être inconstant,
840   Au siècle où nous vivons qui n'en ferait autant ?
Oublions les projets de sa flamme maudite,
Et laissons-le jouir du bonheur qu'il mérite.
Que de pensers divers en mon cœur amoureux !
Et que je sens dans l'âme un combat rigoureux !
Perdre[2] qui me chérit ! épargner qui m'affronte !
Ruiner[3] ce que j'aime ! aimer qui veut ma honte !
L'amour produira-t-il un si cruel effet ?
L'impudent rira-t-il de l'affront qu'il m'a fait ?
Mon amour me séduit, et ma haine m'emporte,
850   L'une peut tout sur moi, l'autre n'est pas moins

                                                              [forte,
N'écoutons plus l'amour pour un tel suborneur,
Et laissons à la haine assurer mon honneur.

Scène 7

MATAMORE

Les voilà sauvons-nous, Non je ne vois personne,
Avançons hardiment. Tout le corps me frissonne.
Je les entends, fuyons. Le vent faisait ce bruit,
Coulons-nous en faveur des ombres de la nuit[4].
Vieux rêveur, malgré toi j'attends ici ma Reine[5].
Ces diables de valets me mettent bien en peine.
De deux mille ans et plus je ne tremblai si fort,
860   C'est trop me hasarder, s'ils sortent, je suis mort.
Car j'aime mieux mourir que leur donner bataille
Et profaner mon bras contre cette canaille.
Que le courage expose à d'étranges dangers !

---

1. La richesse (terme de droit ; s'emploie surtout au pluriel aujour-
d'hui).   2. Causer la perte de.   3. *Ruiner* compte non pas pour deux,
mais pour trois syllabes ; il faut faire la diérèse (ru/iner). Voir aussi les
vers 1233, 1261, 1732.   4. Glissons-nous (vers la maison d'Isabelle) à
la faveur de l'obscurité.   5. Celui que Matamore traite de *vieux rêveur*
(vieux fou) est évidemment Géronte, qui l'a chassé de chez lui et l'a menacé
de ses valets s'il s'approchait de la maison.

Toutefois en tout cas je suis des plus légers ;
S'il ne faut que courir, leur attente est dupée,
J'ai le pied pour le moins aussi bon que l'épée[1],
Tout de bon, je les vois. C'est fait, il faut mourir,
J'ai le corps tout glacé, je ne saurais courir,
Destin, qu'à ma valeur tu te montres contraire !
870   C'est ma Reine elle-même avec mon Secrétaire,
Tout mon corps se déglace. Écoutons leurs discours,
Et voyons son adresse à traiter mes amours.

Scène 8

CLINDOR, ISABELLE, MATAMORE

ISABELLE

Tout se prépare mal du côté de mon père,
Je ne le vis jamais d'une humeur si sévère[2],
Il ne souffrira plus votre maître ni[3] vous,
Notre baron d'ailleurs est devenu jaloux,
Et c'est aussi pourquoi je vous ai fait descendre,
Dedans mon cabinet[4] ils nous pourraient
                                            [surprendre,
Ici nous causerons en plus de sûreté,
880 Vous pourrez vous couler[5] d'un et d'autre côté,
Et si quelqu'un survient, ma retraite est ouverte.

CLINDOR

C'est trop prendre de soin pour empêcher ma perte.

---

1. Glorieux aveu de couardise. Les fanfarons ne manquent pas de faire référence à « Achille *au pied léger* », négligeant de préciser qu'ils ne courent pas dans le même sens que lui.   2. Si rigoureuse.   3. « Ni » s'exprimait alors seulement devant le deuxième terme de l'énumération.   4. Pièce retirée d'un appartement, où l'on étudie, médite, rêve, et sur les murs de laquelle sont accrochés des tableaux.   5. Vous glisser, vous enfuir furtivement.

ISABELLE

Je n'en puis prendre trop pour conserver un bien
Sans qui tout l'univers ensemble ne m'est rien.
Oui, je fais plus d'état d'avoir gagné votre âme,
Que si tout l'univers me connaissait pour Dame[1].
Un rival par mon père attaque[2] en vain ma foi,
Votre amour seul a droit de triompher de moi,
Des discours de tous deux je suis persécutée,
890 Mais pour vous je me plais à être maltraitée.
Il n'est point de tourments qui ne me semblent doux,
Si ma fidélité les endure pour vous.

CLINDOR

Vous me rendez confus, et mon âme ravie
Ne vous peut en revanche offrir rien que ma vie,
Mon sang est le seul bien qui me reste en ces lieux,
Trop heureux de le perdre en servant vos beaux
[yeux[3].
Mais si mon astre un jour, changeant son influence,
Me donne un accès libre aux lieux de ma naissance,
Vous verrez que ce choix n'est pas tant inégal,
900 Et que tout balancé[4] je vaux bien un rival.
Cependant, mon souci, permettez-moi de craindre
Qu'un père et ce rival ne veuillent vous contraindre.

ISABELLE

J'en sais bien le remède, et croyez qu'en ce cas
L'un aura moins d'effet que l'autre[5] n'a d'appas.
Je ne vous dirai point où[6] je suis résolue,
Il suffit que sur moi je me rends absolue[7],
Que leurs plus grands efforts sont des efforts en l'air,
Et que...

---

1. Si tous les hommes de l'univers proclamaient que je suis leur dame.   2. Cherche à emporter une victoire sur.   3. *Trop heureux* se rapporte à *me* au vers précédent.   4. Mis en balance, pesé, comparé.
5. « L'un » : mon père ; « l'autre » : votre rival.   6. À quoi.   7. Délivrée des lois d'obéissance paternelle.

MATAMORE
C'est trop souffrir, il est temps de parler.

ISABELLE
Dieux ! on nous écoutait.

CLINDOR
                    C'est notre Capitaine,
910 Je vais bien l'apaiser, n'en soyez pas en peine.

Scène 9

MATAMORE, CLINDOR

MATAMORE
Ah, traître !

CLINDOR
Parlez bas : ces valets...

MATAMORE
                    Eh bien ! quoi ?

CLINDOR
Ils fondront tout à l'heure et sur vous et sur moi.

MATAMORE [1]
Viens çà, tu sais ton crime, et qu'à l'objet que j'aime,
Loin de parler pour moi, tu parlais pour toi-même.

CLINDOR
Oui, j'ai pris votre place, et vous ai mis dehors.

---

1. Corneille précise ici dans les éditions postérieures : Matamore *le tire à un coin du théâtre.*

MATAMORE

Je te donne le choix de trois ou quatre morts.
Je vais d'un coup de poing te briser comme verre,
Ou t'enfoncer tout vif au centre de la terre,
Ou te fendre en dix parts d'un seul coup de revers,
920 Ou te jeter si haut au-dessus des éclairs
Que tu sois dévoré des feux élémentaires[1].
Choisis donc promptement et songe à tes affaires.

CLINDOR

Vous-même choisissez.

MATAMORE

           Quel choix proposes-tu ?

CLINDOR

De fuir en diligence, ou d'être bien battu[2].

MATAMORE

Me menacer encore ! Ah, ventre ! quelle audace !
Au lieu d'être à genoux et d'implorer ma grâce !
Il a donné le mot, ces valets vont sortir,
Je m'en vais commander aux mers de t'engloutir.

CLINDOR

Sans vous chercher si loin un si grand cimetière
930 Je vous vais de ce pas jeter dans la rivière.

MATAMORE

Ils sont d'intelligence, ah tête[3].

CLINDOR

                 Point de bruit,
J'ai déjà massacré dix hommes cette nuit,

---

1. Le *feu élémentaire* était dans l'Antiquité le feu dans sa pureté même, tel qu'il entre avec les trois autres *éléments* (air, eau, terre) dans la composition des corps physiques. Il ne peut évidemment se rencontrer en cet état que dans les régions célestes, « au-dessus des éclairs ».   2. Ou vous fuyez en toute hâte, ou vous serez battu.   3. Juron abrégé : « tête de Dieu ! ».

Et si vous me fâchez vous en croîtrez le nombre.

MATAMORE
Cadédiou, ce coquin a marché dans mon ombre,
Il s'est fait tout vaillant d'avoir suivi mes pas :
S'il avait du respect, j'en voudrais faire cas.
Écoute, je suis bon, et ce serait dommage
De priver l'univers d'un homme de courage,
Demande-moi pardon, et quitte cet objet[1]
940 Dont les perfections m'ont rendu son sujet,
Tu connais ma valeur, éprouve ma clémence.

CLINDOR
Plutôt, si votre amour a tant de véhémence
Faisons deux coups d'épée au nom de sa beauté.

MATAMORE
Parbleu tu me ravis de générosité,
Va, pour la conquérir n'use plus d'artifices,
Je te la veux donner pour prix de tes services,
Plains-toi dorénavant d'avoir un maître ingrat.

CLINDOR
À ce rare présent d'aise le cœur me bat,
Protecteur des grands Rois, guerrier trop
                                    [magnanime,
950 Puisse tout l'univers bruire de votre estime.

Scène 10
ISABELLE, MATAMORE, CLINDOR

ISABELLE
Je rends grâces au Ciel de ce qu'il a permis
Qu'à la fin sans combat je vous vois bons amis.

---

1. Renonce à Isabelle.

MATAMORE

Ne pensez plus, ma Reine, à l'honneur que ma
                         [flamme
Vous devait faire un jour de vous prendre pour
                         [femme :
Pour quelque occasion j'ai changé de dessein,
Mais je vous veux donner un homme de ma main,
Faites-en de l'état[1], il est vaillant lui-même,
Il commandait sous moi.

ISABELLE
            Pour vous plaire, je l'aime.

CLINDOR

Mais il faut du silence à notre affection.

MATAMORE

960 Je vous promets silence et ma protection,
Avouez-vous[2] de moi par tous les coins du monde,
Je suis craint à l'égal sur la terre et sur l'onde.
Allez, vivez contents sous une même loi.

ISABELLE

Pour vous mieux obéir je lui donne ma foi.

CLINDOR

Commandez que sa foi soit d'un baiser suivie.

MATAMORE

Je le veux.

---

1. Prenez-le en considération.   2. Recommandez-vous.

Scène 11

GÉRONTE, ADRASTE, MATAMORE, CLINDOR,
ISABELLE, LYSE, TROUPE DE DOMESTIQUES

ADRASTE

Ce baiser te va coûter la vie,
Suborneur !

MATAMORE

Ils ont pris mon courage en défaut,
Cette porte est ouverte, allons gagner le haut[1].

CLINDOR

Traître qui te fais fort d'une troupe brigande,
970 Je te choisirai bien au milieu de la bande.

GÉRONTE

Dieux ! Adraste est blessé, courez au Médecin,
Vous autres cependant[2] arrêtez l'assassin.

CLINDOR

Hélas, je cède au nombre, Adieu chère Isabelle,
Je tombe au précipice où mon destin m'appelle.

GÉRONTE

C'en est fait. Emportez ce corps à la maison
Et vous conduisez tôt ce traître à la prison.

---

1. Corneille précise ici dans les éditions postérieures : *Il entre chez Isabelle
après qu'elle et Lyse y sont entrées.*   **2.** Pendant ce temps.

Scène 12

ALCANDRE, PRIDAMANT

PRIDAMANT
Hélas ! mon fils est mort.

ALCANDRE
Que vous avez d'alarmes !

PRIDAMANT
Ne lui refusez point le secours de vos charmes.

ALCANDRE
Un peu de patience et, sans un tel secours
980 Vous le verrez bientôt heureux en ses amours.

ACTE IV

Scène 1

ISABELLE

Enfin le terme approche, un jugement inique [1]
Doit faire agir demain un pouvoir tyrannique,
À son propre assassin immoler mon amant,
En faire une vengeance au lieu d'un châtiment.
Par un décret injuste autant comme sévère
Demain doit triompher la haine de mon père,
La faveur du pays, l'autorité du mort,
Le malheur d'Isabelle, et la rigueur du sort.
Hélas que d'ennemis et de quelle puissance
990 Contre le faible appui que donne l'innocence,
Contre un pauvre inconnu de qui tout le forfait
C'est de m'avoir aimée et d'être trop parfait !
Oui, Clindor, tes vertus et ton feu légitime,
T'ayant acquis mon cœur, ont fait aussi ton crime,
Contre elles un jaloux fit son traître dessein [2]
Et reçut le trépas qu'il portait dans ton sein [3].
Qu'il eût valu bien mieux à ta valeur trompée
Offrir ton estomac ouvert à son épée
Puisque loin de punir ceux qui t'ont attaqué
1000 Les lois vont achever le coup qu'ils ont manqué !
Tu fusses mort alors, mais sans ignominie,
Ta mort n'eût point laissé ta mémoire ternie,

---

1. Injuste.   2. Pour punir tes vertus et ton amour légitime, un jaloux
projeta de te tuer.   3. Et reçut la mort qu'il comptait te donner.

On n'eût point vu le faible opprimé du puissant,
Ni mon pays souillé du sang d'un innocent,
Ni Thémis endurer l'indigne violence
Qui pour l'assassiner emprunte sa balance [1].
Hélas ! et de quoi sert à mon cœur enflammé,
D'avoir fait un beau choix et d'avoir bien aimé,
Si mon amour fatal te conduit au supplice
1010 Et m'apprête à moi-même un mortel précipice !
Car en vain après toi l'on me laisse le jour,
Je veux perdre la vie en perdant mon amour,
Prononçant ton arrêt c'est de moi qu'on dispose,
Je veux suivre ta mort puisque j'en suis la cause,
Et le même moment verra par deux trépas
Nos esprits amoureux se rejoindre là-bas.
Ainsi, père inhumain, ta cruauté déçue [2]
De nos saintes ardeurs verra l'heureuse issue
Et si ma perte alors fait naître tes douleurs,
1020 Auprès de mon amant je rirai de tes pleurs,
Ce qu'un remords cuisant te coûtera de larmes
D'un si doux entretien augmentera les charmes,
Ou s'il n'a pas assez de quoi te tourmenter
Mon ombre chaque jour viendra t'épouvanter,
S'attacher à tes pas dans l'horreur des ténèbres,
Présenter à tes yeux mille images funèbres,
Jeter dans ton esprit un éternel effroi,
Te reprocher ma mort, t'appeler après moi,
Accabler de malheurs ta languissante vie,
1030 Et te réduire au point de me porter envie.
Enfin...

---

1. Pour assassiner Clindor, la violence injuste emprunte la balance de la déesse de la Justice.   2. « Décevoir » : tromper.

Scène 2

ISABELLE, LYSE

LYSE

Quoi chacun dort, et vous êtes ici[1] !
Je vous jure, Monsieur en est en grand souci.

ISABELLE

Quand on n'a plus d'espoir, Lyse, on n'a plus de
[crainte,
Je trouve des douceurs à faire ici ma plainte,
Ici je vis Clindor pour la dernière fois,
Ce lieu me redit mieux les accents de sa voix,
Et remet plus avant dans ma triste pensée
L'aimable souvenir de mon amour passée.

LYSE

Que vous prenez de peine à grossir vos ennuis[2] !

ISABELLE

1040 Que veux-tu que je fasse en l'état où je suis ?

LYSE

De deux amants parfaits dont vous étiez servie
L'un est mort, et demain l'autre perdra la vie,
Sans perdre plus de temps à soupirer pour eux,
Il en faut trouver un qui les vaille tous deux.

ISABELLE

Impudente, oses-tu me tenir ces paroles ?

LYSE

Quel fruit espérez-vous de vos douleurs frivoles ?
Pensez-vous pour pleurer et ternir vos appas
Rappeler votre amant des portes du trépas ?

---

1. Rappelons que la presque totalité des actes II, III, IV se déroule
devant la maison d'Isabelle. À partir de la scène 7 de l'acte IV, on passe
dans la prison.   2. Vos souffrances.

Songez plutôt à faire une illustre conquête,
1050 Je sais pour vos liens une âme toute prête,
Un homme incomparable[1].

ISABELLE

                  Ôte-toi de mes yeux.

LYSE

Le meilleur jugement ne choisirait pas mieux.

ISABELLE

Pour croître mes douleurs faut-il que je te voie ?

LYSE

Et faut-il qu'à vos yeux je déguise ma joie ?

ISABELLE

D'où te vient cette joie ainsi hors de saison[2] ?

LYSE

Quand je vous l'aurai dit, jugez si j'ai raison.

ISABELLE

Ah ! ne me conte rien !

LYSE

                Mais l'affaire vous touche.

ISABELLE

Parle-moi de Clindor ou n'ouvre point la bouche.

LYSE

Ma belle humeur qui rit au milieu des malheurs
1060 Fait plus en un moment qu'un siècle de vos pleurs,
Elle a sauvé Clindor.

---

1. Matamore, évidemment.   2. Déplacée, hors de propos.

ISABELLE
Sauvé Clindor !

LYSE
                                    Lui-même,
Et puis, après cela, jugez si je vous aime.

ISABELLE
Et de grâce, où faut-il que je l'aille trouver ?

LYSE
Je n'ai que commencé, c'est à vous d'achever.

ISABELLE
Ah, Lyse !

LYSE
                    Tout de bon, seriez-vous pour le suivre[1] ?

ISABELLE
Si je suivrais celui sans qui je ne puis vivre ?
Lyse, si ton esprit ne le tire des fers
Je l'accompagnerai jusque dans les enfers ;
Va ne m'informe plus[2] si je suivrais sa fuite.

LYSE
1070 Puisque à ce beau dessein l'amour vous a réduite
Écoutez où j'en suis, et secondez mes coups.
Si votre amant n'échappe, il ne tiendra qu'à vous[3].
La prison est fort proche.

ISABELLE
                    Eh bien ?

---

1. Vraiment, seriez-vous prête à le suivre ?   2. Ne me demande plus
(comme l'a corrigé Corneille en 1660).   3. Ce sera votre seule faute si
votre amant ne parvient à s'échapper.

LYSE

                                    Le voisinage
Au frère du Concierge a fait voir mon visage,
Et comme c'est tout un que me voir et m'aimer,
Le pauvre malheureux s'en est laissé charmer.

ISABELLE

Je n'en avais rien su !

LYSE

                                    J'en avais tant de honte
Que je mourais de peur qu'on vous en fît le conte[1].
Mais depuis quatre jours votre amant arrêté[2]
1080 A fait que l'allant voir je l'ai mieux écouté,
Des yeux et du discours flattant son espérance
D'un mutuel amour j'ai formé l'apparence.
Quand on aime une fois[3] et qu'on se croit aimé
On fait tout pour l'objet dont on est enflammé,
Par là j'ai sur son âme assuré mon empire
Et l'ai mis en état de ne m'oser dédire[4].
Quand il n'a plus douté de mon affection,
J'ai fondé mes refus sur sa condition,
Et lui pour m'obliger jurait de s'y déplaire
1090 Mais que malaisément il s'en pouvait défaire,
Que les clefs des prisons qu'il gardait aujourd'hui
Étaient le plus grand bien de son frère et de lui.
Moi de prendre mon temps, que sa bonne fortune[5]
Ne lui pouvait offrir d'heure plus opportune,
Que, pour se faire riche et pour me posséder
Il n'avait seulement qu'à s'en accommoder,
Qu'il tenait dans les fers un seigneur de Bretagne
Déguisé sous le nom du sieur de la Montagne,
Qu'il fallait le sauver et le suivre chez lui,
1100 Qu'il nous ferait du bien et serait notre appui.

---

1. Récit   **2.** L'arrestation de votre amant (tournure latine).   **3.** Une fois qu'on aime.   **4.** *Dédire* quelqu'un : s'opposer à la volonté de quel-qu'un. Le frère du concierge n'est plus en état d'oser s'opposer aux désirs de Lyse.   **5.** Moi, je saisis alors l'occasion pour dire que sa bonne fortune...

Il demeure étonné, je le presse, il s'excuse [1],
Il me parle d'amour, et moi je le refuse,
Je le quitte en colère, il me suit tout confus,
Me fait nouvelle excuse, et moi nouveau refus.

ISABELLE

Mais enfin.

LYSE

J'y retourne, et le trouve fort triste,
Je le juge ébranlé, je l'attaque, il résiste.
Ce matin, En un mot le péril est pressant,
Ç'ai-je dit, tu peux tout, et ton frère est absent.
Mais il faut de l'argent pour un si long voyage,
1110 M'a-t-il dit, il en faut pour faire l'équipage,
Ce cavalier en manque.

ISABELLE

Ah ! Lyse, tu devais
Lui faire offre en ce cas de tout ce que j'avais,
Perles, bagues, habits.

LYSE

J'ai bien fait encor pire.
J'ai dit que c'est pour vous que ce captif soupire,
Que vous l'aimiez de même et fuiriez avec nous.
Ce mot me l'a rendu si traitable [2] et si doux,
Que j'ai bien reconnu qu'un peu de jalousie
Touchant votre Clindor brouillait sa fantaisie [3],
Et que tous ces délais provenaient seulement
1120 D'une vaine frayeur qu'il ne fût mon amant.
Il est parti soudain après votre amour sue [4],
A trouvé tout aisé, m'en a promis l'issue [5],
Qu'il allait y pourvoir et que vers la mi-nuit,
Vous fussiez toute prête à déloger sans bruit.

---

1. Il refuse poliment.   2. Accommodant.   3. Imagination.   4. Tournure latine (à rapprocher du vers 1079) : après avoir su votre amour.   5. Le
succès.

ISABELLE

Que tu me rends heureuse !

LYSE

Ajoutez-y, de grâce,
Qu'accepter un mari pour qui je suis de glace,
C'est me sacrifier à vos contentements.

ISABELLE

Aussi...

LYSE

Je ne veux point de vos remerciements.
Allez ployer bagage[1], et n'épargnez en somme
1130 Ni votre cabinet, ni celui du bonhomme[2],
Je vous vends ses trésors, mais à fort bon marché,
J'ai dérobé ses clefs depuis qu'il est couché,
Je vous les livre.

ISABELLE

Allons faire le coup ensemble.

LYSE

Passez-vous de mon aide.

ISABELLE

Eh quoi ! le cœur te tremble !

LYSE

Non mais c'est un secret tout propre à l'éveiller,
Nous ne nous garderions jamais de babiller[3].

ISABELLE

Folle tu ris toujours.

---

1. Plier bagage.   2. « On appelle un vieillard un *bon homme* » (Dictionnaire de Furetière). L'expression désigne ici Géronte, le père d'Isabelle.   3. Bavarder.

LYSE
                    De peur d'une surprise
Je dois attendre ici le chef de l'entreprise,
S'il tardait à la rue[1], il serait reconnu ;
1140 Nous vous irons trouver dès qu'il sera venu,
C'est là sans raillerie.

ISABELLE
                    Adieu donc, je te laisse,
Et consens que tu sois aujourd'hui la maîtresse.

LYSE
C'est du moins[2].

ISABELLE
Fais bon guet.

LYSE
                              Vous, faites bon butin.

Scène 3

LYSE

Ainsi Clindor je fais moi seule ton destin,
Des fers où je t'ai mis, c'est moi qui te délivre
Et te puis, à mon choix, faire mourir, ou vivre.
On me vengeait de toi par-delà mes désirs,
Je n'avais de dessein que contre tes plaisirs,
Ton sort trop rigoureux m'a fait changer d'envie,
1150 Je te veux assurer tes plaisirs et ta vie,
Et mon amour éteint te voyant en danger
Renaît pour m'avertir que c'est trop me venger.
J'espère aussi, Clindor, que pour reconnaissance,

---

1. S'il demeurait trop longtemps dans la rue.   2. Expression obscure
(conservée dans toutes les éditions) : « c'est bien le moins », « c'est la
moindre des choses ».

Tu réduiras pour moi tes vœux dans l'innocence[1],
Qu'un mari me tenant en sa possession
Sa présence vaincra ta folle passion
Ou que, si cette ardeur encore te possède
Ma maîtresse avertie y mettra bon remède.

Scène 4

MATAMORE, ISABELLE, LYSE

ISABELLE
Quoi ! chez nous et de nuit !

MATAMORE
L'autre jour,

ISABELLE
Qu'est ceci,
1160 L'autre jour ! Est-il temps que je vous trouve ici ?

LYSE
C'est ce grand Capitaine, où s'est-il laissé prendre ?

ISABELLE
En montant l'escalier je l'en ai vu descendre.

MATAMORE
L'autre jour au défaut de mon affection[2],
J'assurai vos appas de ma protection.

ISABELLE
Après ?

---

1. Tu cesseras de me convoiter comme une maîtresse.   2. À défaut de vous assurer de mon affection (de mon amour).

MATAMORE

On vint ici faire une brouillerie [1],
Vous rentrâtes, voyant cette forfanterie [2],
Et pour vous protéger je vous suivis soudain.

ISABELLE

Votre valeur prit lors un généreux dessein.
Depuis ?

MATAMORE

Pour conserver une Dame si belle
1170 Au plus haut du logis j'ai fait la sentinelle.

ISABELLE

Sans sortir ?

MATAMORE

Sans sortir.

LYSE

C'est-à-dire en deux mots
Qu'il s'est caché de peur dans la chambre aux fagots.

MATAMORE

De peur ?

LYSE

Oui, vous tremblez, la vôtre est sans égale.

MATAMORE

Parce qu'elle a bon pas j'en fais mon Bucéphale [3],
Lorsque je la domptai je lui fis cette loi,
Et depuis quand je marche elle tremble sous moi.

----

1. Querelle.   2. Scélératesse, forfait, trahison (sens encore proche de
l'étymologie italienne ; le sens moderne de *fanfaronnade* est encore rare au
XVIIᵉ siècle).   3. Bucéphale était le cheval favori d'Alexandre le Grand.
Il était indomptable parce qu'il avait peur de son ombre : Alexandre put le
dompter en le montant face au soleil.

LYSE
Votre caprice est rare à choisir des montures.

MATAMORE
C'est pour aller plus vite aux grandes aventures.

ISABELLE
Vous en exploitez bien [1], mais changeons de
[discours,
1180 Vous avez demeuré là-dedans quatre jours ?

MATAMORE
Quatre jours.

ISABELLE
Et vécu ?

MATAMORE
De Nectar, d'Ambroisie [2].

LYSE
Je crois que cette viande [3] aisément rassasie.

MATAMORE
Aucunement [4].

ISABELLE
Enfin vous étiez descendu...

MATAMORE
Pour faire qu'un amant en vos bras fût rendu,
Pour rompre sa prison, en fracasser les portes,
Et briser en morceaux ses chaînes les plus fortes.

---

1. Vous en faites un bon usage (de votre peur). 2. Respectivement boisson et nourriture des dieux de la mythologie grecque. 3. « Viande » est à prendre au sens large : toute nourriture. 4. À la forme affirmative (sans la négation *ne*), *aucunement* signifie selon les cas « en quelque façon », « pas trop bien » ; Corneille joue sur les deux sens.

LYSE

Avouez franchement que pressé de la faim
Vous veniez bien plutôt faire la guerre au pain.

MATAMORE

L'un et l'autre parbleu. Cette Ambroisie est fade,
1190 J'en eus au bout d'un jour l'estomac tout malade,
C'est un mets délicat, et de peu de soutien,
À moins que d'être un Dieu, l'on n'en vivrait pas
                                            [bien,
Il cause mille maux, et dès l'heure qu'il entre,
Il allonge les dents et rétrécit le ventre.

LYSE

Enfin c'est un ragoût [1] qui ne vous plaisait pas ?

MATAMORE

Quitte pour chaque nuit faire deux tours en bas,
Et là m'accommodant des reliefs de cuisine [2]
Mêler la viande humaine avecque la divine [3].

ISABELLE

Vous aviez après tout dessein de nous voler.

MATAMORE

1200 Vous-mêmes après tout m'osez-vous quereller ?
Si je laisse une fois échapper ma colère...

ISABELLE

Lyse, fais-moi sortir les valets de mon père.

MATAMORE

Un sot les attendrait.

---

1. Tout ce qui donne de l'appétit ; ici, plus simplement, nourriture.   2. Me contentant des restes des repas.   3. Mêler la nourriture
des hommes avec celle des dieux.

Scène 5

ISABELLE, LYSE

LYSE
Vous ne le tenez pas.

ISABELLE
Il nous avait bien dit que la peur a bon pas.

LYSE
Vous n'avez cependant rien fait ou peu de chose ?

ISABELLE
Rien du tout, que veux-tu ? sa rencontre en est
[cause.

LYSE
Mais vous n'aviez alors qu'à le laisser aller.

ISABELLE
Mais il m'a reconnue et m'est venu parler :
Moi qui seule et de nuit craignais son insolence
1210 Et beaucoup plus encor de troubler le silence,
J'ai cru, pour m'en défaire et m'ôter de souci,
Que le meilleur était de l'amener ici.
Vois quand j'ai ton secours que je me tiens vaillante
Puisque j'ose affronter cette humeur violente.

LYSE
J'en ai ri comme vous, mais non sans murmurer,
C'est bien du temps perdu.

ISABELLE
Je le vais réparer.

LYSE
Voici le conducteur de notre intelligence [1],

---

1. Voici celui qui dirige notre complot.

Sachez auparavant toute sa diligence[1].

Scène 6

ISABELLE, LYSE, LE GEÔLIER

ISABELLE

Eh bien, mon grand ami, braverons-nous le sort,
1220 Et viens-tu m'apporter ou la vie, ou la mort ?
Ce n'est plus qu'en toi seul que mon espoir se fonde.

LE GEÔLIER

Madame, grâce aux Dieux, tout va le mieux du
                                                    [monde,
Il ne faut que partir, j'ai des chevaux tous prêts,
Et vous pourrez bientôt vous moquer des arrêts[2].

ISABELLE

Ah que tu me ravis, et quel digne salaire
Pourrai-je présenter à mon dieu tutélaire[3] ?

LE GEÔLIER

Voici la récompense où mon désir prétend.

ISABELLE

Lyse, il faut se résoudre à le rendre content.

LYSE

Oui, mais tout son apprêt[4] nous est fort inutile,
1230 Comment ouvrirons-nous les portes de la ville ?

---

1. Ici, soin et exactitude à accomplir quelque chose.   2. Il s'agit des
arrêts de justice par lesquels Clindor est en prison.   3. Dieu protecteur.   4. Ses préparatifs.

LE GEÔLIER

On nous tient des chevaux en main sûre aux faubourgs
Et je sais un vieux mur qui tombe tous les jours,
Nous pourrons aisément sortir par ces ruines.

ISABELLE

Ah ! que je me trouvais sur d'étranges épines !

LE GEÔLIER

Mais il faut se hâter.

ISABELLE

               Nous partirons soudain.
Viens nous aider là-haut à faire notre main [1].

Scène 7

CLINDOR, *en prison*

Aimables souvenirs de mes chères délices
Qu'on va bientôt changer en d'infâmes supplices,
Que malgré les horreurs de ce mortel effroi
1240 Vous avez de douceurs et de charmes pour moi !
Ne m'abandonnez point, soyez-moi plus fidèles
Que les rigueurs du sort ne se montrent cruelles,
Et lorsque du trépas les plus noires couleurs
Viendront à mon esprit figurer mes malheurs
Figurez aussitôt à mon âme interdite [2]
Combien je fus heureux par-delà mon mérite :
Lorsque je me plaindrai de leur sévérité,
Redites-moi l'excès de ma témérité,
Que d'un si haut dessein ma fortune incapable
1250 Rendait ma flamme injuste, et mon espoir coupable,
Que je fus criminel quand je devins amant ;
Et que ma mort en est le juste châtiment.
Quel bonheur m'accompagne à la fin de ma vie !
Isabelle, je meurs pour vous avoir servie,

---

1. À nous emparer de ce que nous trouverons.   2. Effrayée.

Et de quelque tranchant que je souffre les coups
Je meurs trop glorieux puisque je meurs pour vous.
Hélas ! que je me flatte, et que j'ai d'artifice,
Pour déguiser la honte et l'horreur d'un supplice !
Il faut mourir enfin, et quitter ces beaux yeux
1260 Dont le fatal amour me rend si glorieux,
L'ombre d'un meurtrier cause encor ma ruine,
Il succomba vivant et, mort, il m'assassine,
Son nom fait contre moi ce que n'a pu son bras,
Mille assassins nouveaux naissent de son trépas,
Et je vois de son sang fécond en perfidies
S'élever contre moi des âmes plus hardies,
De qui les passions s'armant d'autorité,
Font un meurtre public avec impunité !
Demain, de mon courage, ils doivent faire un crime,
1270 Donner au déloyal ma tête pour victime,
Et tous pour le pays prennent tant d'intérêt,
Qu'il ne m'est pas permis de douter de l'arrêt.
Ainsi de tous côtés ma perte était certaine,
J'ai repoussé la mort, je la reçois pour peine,
D'un péril évité je tombe en un nouveau,
Et des mains d'un rival en celles d'un bourreau.
Je frémis au penser de ma triste aventure,
Dans le sein du repos je suis à la torture,
Au milieu de la nuit et du temps du sommeil
1280 Je vois de mon trépas le honteux appareil,
J'en ai devant les yeux les funestes ministres [1],
On me lit du Sénat [2] les mandements [3] sinistres,
Je sors les fers aux pieds, j'entends déjà le bruit,
De l'amas insolent d'un peuple qui me suit,
Je vois le lieu fatal où ma mort se prépare,
Là, mon esprit se trouble, et ma raison s'égare,
Je ne découvre rien propre à me secourir,
Et la peur de la mort me fait déjà mourir.
Isabelle toi seule en réveillant ma flamme
1290 Dissipes ces terreurs, et rassures mon âme,

---

1. Exécutants. « On appelle aussi les sergents et autres menus officiers, *ministres* de justice, qui servent à exécuter les jugements. » (Furetière).   **2.** Désigne ici le tribunal (sens latin).   **3.** Arrêts.

Aussitôt que je pense à tes divins attraits,
Je vois évanouir ces infâmes portraits ;
Quelques rudes assauts que le malheur me livre,
Garde mon souvenir et je croirai revivre.
Mais d'où vient que de nuit on ouvre ma prison ?
Ami que viens-tu faire ici hors de saison ?

Scène 8

CLINDOR, LE GEÔLIER

LE GEÔLIER
Les juges assemblés pour punir votre audace,
Mus de compassion, enfin vous ont fait grâce.

CLINDOR
M'ont fait grâce, bons Dieux !

LE GEÔLIER

Oui vous mourrez de
[nuit.

CLINDOR
1300 De leur compassion est-ce là tout le fruit ?

LE GEÔLIER
Que de cette faveur vous tenez peu de compte !
D'un supplice public c'est vous sauver[1] la honte,

CLINDOR
Quels encens puis-je offrir aux maîtres de mon sort,
Dont l'arrêt me fait grâce et m'envoie à la mort ?

LE GEÔLIER
Il la faut recevoir avec meilleur visage.

---

1. Épargner.

CLINDOR

Fais ton office, ami, sans causer davantage.

LE GEÔLIER

Une troupe d'Archers [1] là dehors vous attend,
Peut-être en les voyant serez-vous plus content.

Scène 9

CLINDOR, ISABELLE, LYSE, LE GEÔLIER

ISABELLE

Lyse, nous l'allons voir.

LYSE

Que vous êtes ravie !

ISABELLE

1310 Ne le serais-je point de recevoir la vie ?
Son destin et le mien prennent un même cours,
Et je mourrais du coup qui trancherait ses jours.

LE GEÔLIER

Monsieur, connaissez-vous beaucoup d'archers
[semblables ?

CLINDOR

Ma chère âme, est-ce vous ? surprises adorables !
Trompeur trop obligeant ! tu disais bien vraiment
Que je mourrais de nuit, mais de contentement.

ISABELLE

Mon heur [2].

---

1. Un « archer » est une sorte d'agent de police, muni d'une épée, d'une
hallebarde ou d'une carabine. 2. Tournure fréquente dans les scènes de

LE GEÔLIER
Ne perdons point le temps à ces
[caresses,
Nous aurons tout loisir de baiser nos maîtresses.

CLINDOR
Quoi, Lyse est donc la sienne !

ISABELLE
Écoutez le discours
1320 De votre liberté qu'ont produit leurs amours.

LE GEÔLIER
En lieu de sûreté le babil est de mise,
Mais ici ne songeons qu'à nous ôter de prise[1].

ISABELLE
Sauvons-nous. Mais avant promettez-nous tous
[deux
Jusqu'au jour d'un Hymen de modérer vos feux,
Autrement nous rentrons.

CLINDOR
Que cela ne vous tienne
Je vous donne ma foi.

LE GEÔLIER
Lyse, reçois la mienne.

ISABELLE
Sur un gage si bon, j'ose tout hasarder.

LE GEÔLIER
Nous nous amusons trop, hâtons-nous d'évader.

---

retrouvailles de la première moitié du XVIIᵉ siècle, qui consiste à appeler
autrui du nom du sentiment que l'on ressent. En 1660, Corneille a rem-
placé *mon heur* par *Clindor*.
1. À éviter d'être pris.

Scène 10

ALCANDRE, PRIDAMANT

ALCANDRE

Ne craignez plus pour eux ni périls ni disgrâces,
1330 Beaucoup les poursuivront mais sans trouver leurs
                                        [traces.

PRIDAMANT

À la fin je respire.

ALCANDRE

        Après un tel bonheur
Deux ans les ont montés en haut degré d'honneur,
Je ne vous dirai point le cours de leurs voyages,
S'ils ont trouvé le calme ou vaincu les orages,
Ni par quel art[1] non plus ils se sont élevés,
Il suffit d'avoir vu comme ils se sont sauvés,
Et que, sans vous en faire une histoire importune,
Je vous les vais montrer en leur haute fortune.
Mais, puisqu'il faut passer à des effets plus beaux,
1340 Rentrons pour évoquer des fantômes nouveaux,
Ceux que vous avez vus représenter de suite[2]
À vos yeux étonnés leurs amours et leur fuite
N'étant pas destinés aux hautes fonctions
N'ont point assez d'éclat pour leurs conditions.

---

1. Corneille joue ici sur le double sens du terme : Pridamant découvrira plus loin qu'il s'agit de l'art du théâtre.   **2.** À la suite, l'un après l'autre.

ACTE V

Scène 1

ALCANDRE, PRIDAMANT

PRIDAMANT
Qu'Isabelle est changée et qu'elle est éclatante !

ALCANDRE
Lyse marche après elle et lui sert de suivante.
Mais derechef[1] surtout n'ayez aucun effroi,
Et de ce lieu fatal ne sortez qu'après moi,
Je vous le dis encore, il y va de la vie.

PRIDAMANT
1350 Cette condition m'en ôtera l'envie.

Scène 2

ISABELLE, LYSE[2]

LYSE
Ce divertissement n'aura-t-il point de fin,
Et voulez-vous passer la nuit dans ce jardin ?

---

1. Encore une fois.   **2.** On lit dans les éditions postérieures : Isabelle *représentant Hippolyte*, Lyse *représentant Clarine*.

ISABELLE

Je ne puis plus cacher le sujet qui m'amène,
C'est grossir mes douleurs que de taire ma peine :
Le Prince Florilame...

LYSE
Eh bien ? il est absent.

ISABELLE

C'est la source des maux que mon âme ressent,
Nous sommes ses voisins, et l'amour qu'il nous
[porte
Dedans son grand jardin nous permet cette porte,
La Princesse Rosine et mon perfide époux
1360 Durant qu'il est absent, en font leur rendez-vous,
Je l'attends au passage et lui ferai connaître
Que je ne suis pas femme à rien souffrir d'un traître.

LYSE

Madame, croyez-moi, loin de le quereller
Vous feriez beaucoup mieux de tout dissimuler,
Ce n'est pas bien à nous d'avoir des jalousies,
Un homme en court plutôt après ses fantaisies,
Il est toujours le maître et tout votre discours
Par un contraire effet l'obstine en ses amours.

ISABELLE

Je dissimulerai son adultère flamme !
1370 Une autre aura son cœur, et moi le nom de femme !
Sans crime d'un Hymen peut-il rompre la loi ?
Et ne rougit-il point d'avoir si peu de foi ?

LYSE

Cela fut bon jadis, mais au temps où nous sommes
Ni l'Hymen, ni la foi n'obligent plus les hommes,
Madame, leur honneur a des règles à part,
Où le vôtre se perd, le leur est sans hasard[1],
Et la même action, entre eux et nous commune,

---

1. L'honneur des hommes ne hasarde rien, ne court aucun risque.

Est pour nous déshonneur, pour eux bonne fortune.
La chasteté n'est plus la vertu d'un mari,
1380 La Princesse du vôtre a fait son favori,
Sa réputation croîtra par ses caresses,
L'honneur d'un galant homme est d'avoir des
                                                [maîtresses.

ISABELLE

Ôte-moi cet honneur et cette vanité,
De se mettre en crédit par l'infidélité.
Si pour haïr le change et vivre sans amie[1]
Un homme comme lui tombe dans l'infamie,
Je le tiens glorieux d'être infâme à ce prix,
S'il en est méprisé, j'estime ce mépris,
Le blâme qu'on reçoit d'aimer trop une femme
1390 Aux maris vertueux est un illustre blâme.

LYSE

Madame il vient d'entrer, la porte a fait du bruit.

ISABELLE

Retirons-nous qu'il passe[2].

LYSE

                          Il vous voit, et vous suit.

Scène 3

CLINDOR, ISABELLE, LYSE[3]

CLINDOR

Vous fuyez, ma Princesse, et cherchez des remises[4],
Sont-ce là les faveurs que vous m'aviez promises ?

---

1. Si, parce qu'il hait l'inconstance et qu'il vit sans maîtresse.   **2.** Afin
qu'il passe.   **3.** On lit dans les éditions postérieures : Clindor *représentant
Théagène*, Isabelle *représentant Hippolyte*, Lyse *représentant Clarine*.
4. Échappatoires.

Où sont tant de baisers dont votre affection
Devait être prodigue à ma réception ?
Voici l'heure et le lieu, l'occasion est belle,
Je suis seul, vous n'avez que cette Damoiselle
Dont la dextérité ménagea nos amours ;
1400 Le temps est précieux, et vous fuyez toujours.
Vous voulez, je m'assure, avec ces artifices
Que les difficultés augmentent nos délices,
À la fin je vous tiens. Quoi vous me repoussez !
Que craignez-vous encor ? Mauvaise c'est assez,
Florilame est absent, ma jalouse endormie.

ISABELLE

En êtes-vous bien sûr ?

CLINDOR
            Ah ! fortune ennemie.

ISABELLE

Je veille déloyal, ne crois plus m'aveugler,
Au milieu de la nuit je ne vois que trop clair :
Je vois tous mes soupçons passer en certitudes
1410 Et ne puis plus douter de tes ingratitudes,
Toi-même par ta bouche as trahi ton secret.
Ô l'esprit avisé pour un amant discret !
Et que c'est en amour une haute prudence,
D'en faire avec sa femme entière confidence !
Où sont tant de serments de n'aimer rien que moi ?
Qu'as-tu fait de ton cœur ? Qu'as-tu fait de ta foi ?
Lorsque je la reçus, ingrat, qu'il te souvienne
De combien différaient ta fortune et la mienne,
De combien de rivaux je dédaignai les vœux,
1420 Ce qu'un simple soldat pouvait être auprès d'eux,
Quelle tendre amitié je recevais d'un père ;
Je l'ai quitté pourtant pour suivre ta misère,
Et je tendis les bras à mon enlèvement,
Ne pouvant être à toi de son consentement.
En quelle extrémité depuis ne m'ont réduite

Les hasards dont le sort a traversé[1] ta fuite,
Et que n'ai-je souffert avant que le bonheur
Élevât ta bassesse à ce haut rang d'honneur !
Si pour te voir heureux ta foi s'est relâchée,
1430 Rends-moi dedans le sein dont tu m'as arrachée[2],
Je t'aime et mon amour m'a fait tout hasarder
Non pas pour tes grandeurs mais pour te posséder.

CLINDOR

Ne me reproche plus ta fuite, ni ta flamme ;
Que ne fait point l'amour quand il possède une
                                                [âme ?
Son pouvoir à ma vue attachait tes plaisirs,
Et tu me suivais moins que tes propres désirs,
J'étais lors peu de chose, oui, mais qu'il te souvienne
Que ta fuite égala ta fortune à la mienne
Et que pour t'enlever c'était un faible appas
1440 Que l'éclat de tes biens qui ne te suivaient pas.
Je n'eus, de mon côté, que l'épée en partage,
Et ta flamme du tien[3] fut mon seul avantage :
Celle-là m'a fait grand en ces bords étrangers,
L'autre exposa ma tête en cent et cent dangers.
Regrette maintenant ton père, et ses richesses.
Fâche-toi de marcher à côté des Princesses,
Retourne en ton pays avecque tous tes biens
Chercher un rang pareil à celui que tu tiens.
Qui te manque après tout ? de quoi peux-tu te
                                                [plaindre ?
1450 En quelle occasion m'as-tu vu te contraindre ?
As-tu reçu de moi ni froideurs, ni mépris ?
Les femmes, à vrai dire, ont d'étranges esprits ;
Qu'un mari les adore, et qu'une amour extrême
À leur bizarre humeur se soumette lui-même,
Qu'il les comble d'honneurs et de bons traitements,
Qu'il ne refuse rien à leurs contentements,
Fait-il la moindre brèche à la foi conjugale,

---

1. Les hasards que le sort a mis en travers de ta fuite.   2. Si ta fidélité
s'est relâchée parce que tu es heureux, ramène-moi dans le sein (la famille)
dont tu m'as arrachée.   3. De ton côté.

Il n'est point à leur gré de crime qui l'égale,
C'est vol, c'est perfidie, assassinat, poison,
1460 C'est massacrer son père et brûler sa maison
Et jadis des Titans l'effroyable supplice
Tomba sur Encelade[1] avec moins de justice.

ISABELLE

Je te l'ai déjà dit que toute ta grandeur
Ne fut jamais l'objet de ma sincère ardeur,
Je ne suivais que toi quand je quittai mon père.
Mais puisque ces grandeurs t'ont fait l'âme légère,
Laisse mon intérêt, songe à qui tu les dois.
Florilame lui seul t'a mis où tu te vois ;
À peine il te connut qu'il te tira de peine,
1470 De soldat vagabond il te fit Capitaine,
Et le rare bonheur qui suivit cet emploi
Joignit à ses faveurs les faveurs de son Roi.
Quelle forte amitié n'a-t-il point fait paraître
À cultiver depuis ce qu'il avait fait naître.
Par ses soins redoublés n'es-tu pas aujourd'hui
Un peu moindre de rang, mais plus puissant que
                                              [lui ?
Il eût gagné par là l'esprit le plus farouche
Et pour remerciement tu vas souiller sa couche !
Dans ta brutalité trouve quelque raison,
1480 Et contre ses faveurs défends ta trahison.
Il t'a comblé de biens, tu lui voles son âme ;
Il t'a fait grand seigneur, et tu le rends infâme !
Ingrat, c'est donc ainsi que tu rends les bienfaits ?
Et ta reconnaissance a produit ces effets !

CLINDOR

Mon âme, (car encor ce beau nom te demeure,
Et te demeurera jusqu'à tant que je meure),
Crois-tu qu'aucun respect, ou crainte du trépas
Puisse obtenir sur moi ce que tu n'obtiens pas ?

---

1. Corneille mélange deux races de divinités qui ont combattu Zeus à des
« époques » différentes. Encelade est en fait le plus fameux des *Géants* (et non
des Titans). Athéna, pour l'arrêter dans sa fuite, l'écrasa sous la Sicile.

Dis que je suis ingrat, appelle-moi parjure,
1490 Mais à nos feux sacrés ne fais plus tant d'injure,
Ils conservent encor leur première vigueur,
Je t'aime, et si l'amour qui m'a surpris le cœur
Avait pu s'étouffer au point de sa naissance,
Celui que je te porte eût eu cette puissance.
Mais en vain contre lui l'on tâche à résister,
Toi-même as éprouvé qu'on ne le peut dompter.
Ce Dieu qui te força d'abandonner ton père,
Ton pays, et tes biens, pour suivre ma misère,
Ce Dieu même à présent malgré moi m'a réduit
1500 À te faire un larcin des plaisirs d'une nuit.
À mes sens déréglés souffre cette licence,
Une pareille amour meurt dans la jouissance ;
Celle dont la vertu n'est point le fondement
Se détruit de soi-même et passe en un moment,
Mais celle qui nous joint est une amour solide,
Où l'honneur a son lustre[1], où la vertu préside,
Dont les fermes liens durent jusqu'au trépas
Et dont la jouissance a de nouveaux appas.
Mon âme, derechef pardonne à la surprise
1510 Que ce tyran des cœurs a faite à ma franchise[2],
Souffre une folle ardeur qui ne vivra qu'un jour,
Et n'affaiblit en rien un conjugal amour.

                        ISABELLE
Hélas ! que j'aide bien à m'abuser moi-même !
Je vois qu'on me trahit, et je crois que l'on m'aime,
Je me laisse charmer à ce discours flatteur,
Et j'excuse un forfait dont j'adore l'auteur.
Pardonne, cher époux, au peu de retenue
Où d'un premier transport la chaleur est venue,
C'est en ces accidents[3] manquer d'affection
1520 Que de les voir sans trouble et sans émotion.
Puisque mon teint se fane et ma beauté se passe
Il est bien juste aussi que ton amour se lasse,
Et même je croirai que ce feu passager

---

1. Éclat.   2. *Franchise* « signifie chez les poètes et les amants liberté »
(Furetière).   3. Voir la note du vers 151, p. 29.

En l'amour conjugal ne pourra rien changer.
Songe un peu toutefois à qui ce feu s'adresse,
En quel péril te jette une telle maîtresse.
Dissimule, déguise et sois amant discret,
Les grands en leur amour n'ont jamais de secret.
Ce grand train[1] qu'à leurs pas leur grandeur propre
                                                    [attache
1530 N'est qu'un grand corps tout d'yeux à qui rien ne se
                                                    [cache
Et dont il n'est pas un qui ne fît son effort,
À se mettre en faveur par un mauvais rapport.
Tôt ou tard Florilame apprendra tes pratiques,
Ou de sa défiance ou de ses domestiques,
Et lors (à ce penser je frissonne d'horreur)
À quelle extrémité n'ira point sa fureur ?
Puisque à ces passe-temps ton humeur te convie,
Cours après tes plaisirs, mais assure ta vie,
Sans aucun sentiment je te verrai changer,
1540 Pourvu qu'à tout le moins tu changes sans danger.

CLINDOR

Encore une fois donc tu veux que je te die[2],
Qu'auprès de mon amour je méprise ma vie,
Mon âme est trop atteinte, et mon cœur trop blessé
Pour craindre les périls dont je suis menacé,
Ma passion m'aveugle et pour cette conquête
Croit hasarder trop peu de hasarder ma tête,
C'est un feu que le temps pourra seul modérer,
C'est un torrent qui passe, et ne saurait durer.

ISABELLE

Eh bien, cours au trépas, puisqu'il a tant de charmes
1550 Et néglige ta vie aussi bien que mes larmes.
Penses-tu que ce Prince après un tel forfait
Par ta punition se tienne satisfait ?
Qui sera mon appui lorsque ta mort infâme

---

1. Le « grand train » désigne ici l'ensemble des domestiques, des chevaux, des voitures qui accompagnent un grand seigneur.   2. Ancienne
forme pour *dise*, courante en fin de vers.

À sa juste vengeance exposera ta femme ?
Et que sur la moitié d'un perfide étranger
Une seconde fois il croira se venger ?
Non, je n'attendrai pas que ta perte certaine
Attire encor sur moi les restes de ta peine,
Et que de mon honneur gardé si chèrement
1560 Il fasse un sacrifice à son ressentiment.
Je préviendrai[1] la honte où ton malheur me livre,
Et saurai bien mourir si tu ne veux pas vivre.
Ce corps dont mon amour t'a fait le possesseur
Ne craindra plus bientôt l'effort[2] d'un ravisseur ;
J'ai vécu pour t'aimer, mais non pour l'infamie
De servir au mari de ton illustre amie.
Adieu, je vais du moins, en mourant devant toi,
Diminuer ton crime, et dégager ta foi.

CLINDOR

Ne meurs pas, chère épouse, et dans un second
                                        [change
1570 Vois l'effet merveilleux où ta vertu me range.
M'aimer malgré mon crime, et vouloir par ta mort
Éviter le hasard de quelque indigne effort !
Je ne sais qui[3] je dois admirer davantage
Ou de ce grand amour, ou de ce grand courage,
Tous les deux m'ont vaincu, je reviens sous tes lois,
Et ma brutale ardeur va rendre les abois[4].
C'en est fait, elle expire et mon âme plus saine
Vient de rompre les nœuds de sa honteuse chaîne,
Mon cœur quand il fut pris, s'était mal défendu,
1580 Perds-en le souvenir.

ISABELLE
Je l'ai déjà perdu.

---

1. Je devancerai.   **2.** Violence.   **3.** Ce que.   **4.** Vocabulaire de la chasse. « On dit d'un cerf mourant qu'il rend les abois » (*Dictionnaire de l'Académie*). Il reste aujourd'hui l'expression « être aux abois » : être dans une situation désespérée.

CLINDOR

Que les plus beaux objets qui soient dessus la terre,
Conspirent désormais à lui faire la guerre,
Ce cœur inexpugnable aux assauts de leurs yeux
N'aura plus que les tiens pour maîtres et pour dieux.
Que leurs attraits unis...

LYSE

La Princesse s'avance,
Madame.

CLINDOR

Cachez-vous, et nous faites silence.
Écoute-nous mon âme et par notre entretien
Juge si son objet m'est plus cher que le tien.

Scène 4

CLINDOR, ROSINE [1]

ROSINE

Débarrassée enfin d'une importune suite
1590 Je remets à l'amour le soin de ma conduite,
Et pour trouver l'auteur de ma félicité
Je prends un guide aveugle en cette obscurité.
Mais que son épaisseur me dérobe la vue !
Le moyen de le voir, ou d'en être aperçue !
Voici la grande allée, il devrait être ici,
Et j'entrevois quelqu'un. Est-ce toi, mon souci ?

CLINDOR

Madame ôtez ce mot dont la feinte se joue,
Et que votre vertu dans l'âme désavoue,
C'est assez déguisé, ne dissimulez plus
1600 L'horreur que vous avez de mes feux dissolus,

---

1. Rappelons que ce personnage et la totalité de cette scène disparaissent
de l'édition de 1660.

Vous avez voulu voir jusqu'à quelle insolence
D'une amour déréglée irait la violence,
Vous l'avez vu, Madame, et c'est pour la punir
Que vos ressentiments vous font ici venir,
Faites sortir vos gens destinés à ma perte,
N'épargnez point ma tête, elle vous est offerte,
Je veux bien par ma mort apaiser vos beaux yeux,
Et ce n'est pas l'espoir qui m'amène en ces lieux.

ROSINE

Donc, au lieu d'un amour rempli d'impatience,
1610 Je ne rencontre en toi que de la défiance ?
As-tu l'esprit troublé de quelque illusion ?
Est-ce ainsi qu'un guerrier tremble à l'occasion[1] ?
Je suis seule, et toi seul, d'où te vient cet ombrage[2] ?
Te faut-il de ma flamme un plus grand témoignage ?
Crois que je suis sans feinte à toi jusqu'à la mort.

CLINDOR

Je me garderai bien de vous faire ce tort,
Une grande Princesse a la vertu plus chère.

ROSINE

Si tu m'aimes, mon cœur, quitte cette chimère.

CLINDOR

Ce n'en est point, Madame, et je crois voir en vous
1620 Plus de fidélité pour un si digne époux.

ROSINE

Je la quitte pour toi, mais Dieu ! que je m'abuse,
De ne voir pas encor qu'un ingrat me refuse.
Son cœur n'est plus que glace, et mon aveugle
                                           [ardeur

---

1. À la bataille. « Occasion se dit aussi des rencontres de la guerre. [...]
Un bon capitaine doit être froid, et conserver son jugement dans l'*occasion*,
dans le plus grand danger » (Furetière).   2. Soupçon, défiance.

Impute à défiance un excès de froideur[1].
Va traître, va parjure, après m'avoir séduite
Ce sont là des discours d'une mauvaise suite[2],
Alors que je me rends de quoi me parles-tu ?
Et qui t'amène ici me prêcher la vertu ?

CLINDOR

Mon respect, mon devoir, et ma reconnaissance
1630 Dessus mes passions ont eu cette puissance.
Je vous aime, Madame, et mon fidèle amour
Depuis qu'on l'a vu naître a crû de jour en jour,
Mais que ne dois-je point au Prince Florilame ?
C'est lui dont le respect triomphe de ma flamme,
Après que sa faveur m'a fait ce que je suis.

ROSINE

Tu t'en veux souvenir pour me combler d'ennuis,
Quoi son respect peut plus que l'ardeur qui te brûle ?
L'incomparable ami ; mais l'amant ridicule,
D'adorer une femme et s'en voir si chéri
1640 Et craindre au rendez-vous d'offenser un mari !
Traître, il n'en est plus temps. Quand tu me fis
                        [paraître,
Cette excessive amour qui commençait à naître,
Et que le doux appas d'un discours suborneur[3]
Avec un faux mérite attaqua mon honneur,
C'est lors[4] qu'il te fallait à ta flamme infidèle
Opposer le respect d'une amitié si belle,
Et tu ne devais pas attendre à l'écouter
Quand mon esprit charmé ne le pourrait goûter.
Tes raisons vers tous deux sont de faibles défenses,
1650 Tu l'offensas alors, aujourd'hui tu m'offenses,
Tu m'aimais plus que lui, tu l'aimes plus que moi,
Crois-tu donc à mon cœur donner ainsi la loi,
Que ma flamme à ton gré s'éteigne ou s'entretienne,
Et que ma passion suive toujours la tienne ?

---

1. Met sur le compte de la défiance ce qui est en fait un excès de froideur (amoureuse). **2.** Développement, cours. **3.** Voir la note du vers 816, p. 65. **4.** Alors.

Non non, usant si mal de ce qui t'est permis,
Loin d'en éviter un, tu fais deux ennemis,
Je sais trop les moyens d'une vengeance aisée,
Phèdre contre Hippolyte aveugla bien Thésée,
Et ma plainte armera plus de sévérité
1660 Avec moins d'injustice et plus de vérité.

CLINDOR

Je sais bien que j'ai tort, et qu'après mon audace
Je vous fais un discours de fort mauvaise grâce,
Qu'il sied mal à ma bouche, et que ce grand respect
Agit un peu bien tard pour n'être point suspect.
Mais pour souffrir plutôt la raison dans mon âme
Vous aviez trop d'appas et mon cœur trop de
                                                [flamme,
Elle n'a triomphé qu'après un long combat.

ROSINE

Tu crois donc triompher lorsque ton cœur s'abat ?
Si tu nommes victoire un manque de courage
1670 Appelle encor service un si cruel outrage,
Et puisque me trahir c'est suivre la raison,
Dis-moi que tu me sers par cette trahison.

CLINDOR

Madame est-ce vous rendre un si mauvais service
De sauver votre honneur d'un mortel précipice ?
Cet honneur qu'une Dame a plus cher que les yeux.

ROSINE

Cesse de m'étourdir de ces noms odieux !
N'as-tu jamais appris que ces vaines chimères
Qui naissent aux cerveaux des maris et des mères,
Ces vieux contes d'honneur n'ont point
                                                [d'impressions
1680 Qui puissent arrêter les fortes passions ?
Perfide, est-ce de moi que tu le dois apprendre ?
Dieux ! jusques où l'amour ne me fait point
                                                [descendre !
Je lui tiens des discours qu'il me devrait tenir,

Et toute mon ardeur ne peut rien obtenir.

CLINDOR

Par l'effort que je fais à mon amour extrême,
Madame, il faut apprendre à vous vaincre vous-
[même,
À faire violence à vos plus chers désirs
Et préférer l'honneur à d'injustes plaisirs,
Dont au moindre soupçon, au moindre vent
[contraire,
1690 La honte et les malheurs sont la suite ordinaire.

ROSINE

De tous ces accidents rien ne peut m'alarmer,
Je consens de périr à force de t'aimer ;
Bien que notre commerce aux yeux de tous se cache,
Qu'il vienne en évidence et qu'un mari le sache,
Que je demeure en butte à ses ressentiments,
Que sa fureur me livre à de nouveaux tourments,
J'en souffrirai plutôt l'infamie éternelle
Que de me repentir d'une flamme si belle.

Scène 5

CLINDOR, ROSINE, ISABELLE, LYSE,
ÉRASTE, TROUPE DE DOMESTIQUES [1]

ÉRASTE

Donnons [2], ils sont ensemble.

ISABELLE

Ô Dieux ! qu'ai-je
[entendu ?

---

1. Dans les éditions postérieures, on lit à la suite des noms de Clindor,
d'Isabelle et de Lyse, leurs noms de rôle *(Théagène, Hippolyte, Clarine)*.
2. « *Donner*, absolument, c'est commencer le combat, aller à l'assaut »
(Furetière).

LYSE

1700 Madame sauvons-nous !

PRIDAMANT

Hélas ! il est perdu[1].

CLINDOR

Madame, je suis mort, et votre amour fatale
Par un indigne coup aux Enfers me dévale.

ROSINE

Je meurs, mais je me trouve heureuse en mon trépas
Que du moins en mourant je vais suivre tes pas.

ÉRASTE

Florilame est absent, mais durant son absence
C'est là comme les siens punissent qui l'offense,
C'est lui qui par nos mains vous envoie à tous deux
Le juste châtiment de vos lubriques feux.

ISABELLE

Réponds-moi, cher époux, au moins une parole,
1710 C'en est fait, il expire, et son âme s'envole.
Bourreaux, vous ne l'avez massacré qu'à demi,
Il vit encore en moi, soûlez[2] son ennemi,
Achevez, assassins, de m'arracher la vie,
Sa haine sans ma mort n'est pas bien assouvie.

ÉRASTE

Madame, c'est donc vous !

ISABELLE

Oui, qui cours au trépas.

_____

1. Pridamant, spectateur silencieux jusqu'ici, intervient dans le cours de
l'action fictive sous le coup de l'émotion.   2. « Soûler » signifie rassasier,
c'est-à-dire, ici, satisfaire entièrement.

ÉRASTE

Votre heureuse rencontre épargne bien nos pas.
Après avoir défait le Prince Florilame
D'un ami déloyal et d'une ingrate femme
Nous avions ordre exprès de vous aller chercher.

ISABELLE

1720 Que voulez-vous de moi traîtres ?

ÉRASTE

                                        Il faut marcher,
Le Prince, dès longtemps amoureux de vos charmes
Dans un de ses châteaux veut essuyer vos larmes

ISABELLE

Sacrifiez plutôt ma vie à son courroux.

ÉRASTE

C'est perdre temps, Madame, il veut parler à vous [1].

Scène 6

ALCANDRE, PRIDAMANT

ALCANDRE

Ainsi de notre espoir la fortune se joue,
Tout s'élève, ou s'abaisse au branle de sa roue [2],
Et son ordre inégal qui régit l'univers
Au milieu du bonheur a ses plus grands revers.

PRIDAMANT

Cette réflexion mal propre pour un père

---

1. Dans les éditions postérieures, on lit à la suite de ces vers : *Ici on
rabaisse une toile qui couvre le jardin et le reste des acteurs, et le Magicien et le
père sortent de la grotte.* Cette toile sera relevée après le vers 1746.   **2.** Selon le mouvement de sa roue. Les tableaux montrent la Fortune sous les
traits d'une femme aux yeux bandés qui pousse une roue.

1730 Consolerait peut-être une douleur légère,
    Mais après avoir vu mon fils assassiné,
    Mes plaisirs foudroyés, mon espoir ruiné,
    J'aurais d'un si grand coup l'âme bien peu blessée
    Si de pareils discours m'entraient dans la pensée.
    Hélas ! dans sa misère il ne pouvait périr,
    Et son bonheur fatal lui seul l'a fait mourir.
    N'attendez pas de moi des plaintes davantage,
    La douleur qui se plaint cherche qu'on la soulage,
    La mienne court après son déplorable sort,
1740 Adieu, je vais mourir, puisque mon fils est mort.

ALCANDRE

D'un juste désespoir l'effort[1] est légitime,
Et de le détourner je croirais faire un crime,
Oui, suivez ce cher fils sans attendre à demain,
Mais épargnez du moins ce coup à votre main,
Laissez faire aux douleurs qui rongent vos entrailles,
Et, pour les redoubler, voyez ses funérailles.

On tire un rideau et on voit tous les comédiens qui parta-
gent leur argent[2].

PRIDAMANT

Que vois-je ! chez les morts compte-t-on de l'argent ?

ALCANDRE

Voyez si pas un d'eux s'y montre négligent.

PRIDAMANT

Je vois Clindor, Rosine, Ah Dieu, quelle surprise !
1750 Je vois leur assassin, je vois sa femme et Lyse,
    Quel charme en un moment étouffe leurs discords,
    Pour assembler ainsi les vivants et les morts ?

---

1. Voir la note du vers 1564, p. 105.   **2.** Les comédiens partageaient
après chaque représentation la recette de la journée, une fois prélevés les
frais. Certains comédiens recevaient part double, d'autres une demi-part,
inégalité imputable essentiellement à l'ancienneté. Cette question des parts
fait l'objet de plusieurs scènes de débat dans *La Comédie des comédiens* de
Gougenot.

ALCANDRE

Ainsi, tous les Acteurs d'une troupe Comique
Leur Poème récité[1] partagent leur pratique[2],
L'un tue et l'autre meurt, l'autre vous fait pitié,
Mais la Scène préside à leur inimitié,
Leurs vers font leur combat, leur mort suit leurs
                                              [paroles,
Et sans prendre intérêt en pas un de leurs rôles,
Le traître et le trahi, le mort et le vivant
1760 Se trouvent à la fin amis comme devant[3].
Votre fils et son train ont bien su par leur fuite,
D'un père et d'un Prévôt[4] éviter la poursuite.
Mais tombant dans les mains de la nécessité
Ils ont pris le Théâtre[5] en cette extrémité.

PRIDAMANT

Mon fils Comédien !

ALCANDRE

       D'un art si difficile
Tous les quatre au besoin en ont fait leur asile[6],
Et depuis sa prison ce que vous avez vu,
Son adultère amour, son trépas impourvu[7],
N'est que la triste fin d'une pièce tragique
1770 Qu'il expose aujourd'hui sur la Scène publique,
Par où ses compagnons et lui dans leur métier
Ravissent dans Paris un peuple tout entier.
Le gain leur en demeure et ce grand équipage
Dont je vous ai fait voir le superbe étalage
Est bien à votre fils mais non pour s'en parer,
Qu'alors que[8] sur la Scène il se fait admirer.

---

1. Une pièce de théâtre est un « poème dramatique », et Corneille se désignait exclusivement comme un « poète dramatique ». On prendra garde que *poème* compte dans ce vers pour deux syllabes (poè/me). 2. Argent provenant de l'activité pratiquée par les comédiens. Cet emploi métonymique n'est pas attesté par les dictionnaires du XVIIe siècle. 3. Avant. 4. Officier d'ordre civil ou judiciaire. 5. Le métier de comédien. 6. Tous les quatre *dans le besoin* ont fait du théâtre leur asile. 7. Imprévu. 8. Si ce n'est lorsque.

PRIDAMANT

J'ai pris sa mort pour vraie, et ce n'était que feinte,
Mais je trouve partout mêmes sujets de plainte,
Est-ce là cette gloire et ce haut rang d'honneur
1780 Où le devait monter l'excès de son bonheur ?

ALCANDRE

Cessez de vous en plaindre, à présent le Théâtre
Est en un point si haut qu'un chacun l'idolâtre,
Et ce que votre temps voyait avec mépris
Est aujourd'hui l'amour de tous les bons esprits,
L'entretien de Paris, le souhait des Provinces,
Le divertissement le plus doux de nos Princes,
Les délices du peuple, et le plaisir des grands ;
Parmi leurs passe-temps il tient les premiers rangs,
Et ceux dont nous voyons la sagesse profonde
1790 Par ses illustres soins conserver tout le monde [1],
Trouvent dans les douceurs d'un spectacle si beau
De quoi se délasser d'un si pesant fardeau [2].
Même notre grand Roi [3] ce foudre de la guerre
Dont le nom se fait craindre aux deux bouts de la
                                                    [terre,
Le front ceint de lauriers daigne bien quelquefois
Prêter l'œil et l'oreille au Théâtre François :
C'est là que le Parnasse [4] étale ses merveilles :
Les plus rares esprits lui consacrent leurs veilles,
Et tous ceux qu'Apollon voit d'un meilleur regard
1800 De leurs doctes travaux lui donnent quelque part [5].
S'il faut par la richesse estimer les personnes,
Le Théâtre est un fief dont les rentes sont bonnes,
Et votre fils rencontre en un métier si doux

---

1. Le monde tout entier.   2. Corneille fait ici une très claire allusion
à Richelieu, amateur de théâtre passionné, qui fera construire dans son
palais (le Palais-Cardinal, aujourd'hui le Palais-Royal) le plus beau théâtre
de Paris.   3. Il s'agit évidemment de Louis XIII, qui n'était, malgré les
allégations d'Alcandre, ni un foudre de guerre, ni un aussi grand amateur
de théâtre que Richelieu ou même que son frère Gaston d'Or-
léans.   4. La poésie (du nom de ce mont de la Grèce consacré à Apollon
et aux Muses).   5. On voit que Corneille s'inclut dans « les plus rares
esprits ». Comparer avec les vers 89-90.

Plus de biens et d'honneur qu'il n'eût trouvé chez
                                           [vous.
Défaites-vous enfin de cette erreur commune
Et ne vous plaignez plus de sa bonne fortune.

PRIDAMANT

Je n'ose plus m'en plaindre, on voit trop de combien
Le métier qu'il a pris est meilleur que le mien.
Il est vrai que d'abord mon âme s'est émue,
1810 J'ai cru la Comédie au point où je l'ai vue,
J'en ignorais l'éclat, l'utilité, l'appas,
Et la blâmais ainsi ne la connaissant pas,
Mais depuis vos discours mon cœur plein
                                        [d'allégresse
A banni cette erreur avecque la tristesse,
Clindor a trop bien fait.

ALCANDRE
                 N'en croyez que vos yeux.

PRIDAMANT

Demain, pour ce sujet, j'abandonne ces lieux,
Je vole vers Paris. Cependant, grand Alcandre,
Quelles grâces ici ne vous dois-je point rendre ?

ALCANDRE

Servir les gens d'honneur est mon plus grand désir,
1820 J'ai pris ma récompense en vous faisant plaisir.
Adieu, je suis content puisque je vous vois l'être.

PRIDAMANT

Un si rare bienfait ne se peut reconnaître,
Mais, grand Mage, du moins croyez qu'à l'avenir
Mon âme en gardera l'éternel souvenir.

Examen
[1660]

Je dirai peu de chose de cette pièce : c'est une galanterie[1] extravagante qui a tant d'irrégularités qu'elle ne
vaut pas la peine de la considérer, bien que la nouveauté
de ce caprice[2] en ait rendu le succès assez favorable pour
ne me repentir pas d'y avoir perdu quelque temps. Le
premier acte ne semble qu'un prologue ; les trois suivants forment une pièce que je ne sais comment nommer : le succès[3] en est tragique ; Adraste y est tué, et
Clindor en péril de mort ; mais le style et les personnages sont entièrement de la comédie. Il y en a même
un qui n'a d'être que dans l'imagination, inventé exprès
pour faire rire, et dont il ne se trouve point d'original
parmi les hommes. C'est un capitan qui soutient assez
son caractère de fanfaron pour me permettre de croire
qu'on en trouvera peu, dans quelque langue que ce soit,
qui s'en acquittent mieux. L'action n'y est pas complète,
puisqu'on ne sait, à la fin du quatrième acte qui la termine, ce que deviennent les principaux acteurs, et qu'ils
se dérobent plutôt au péril qu'ils n'en triomphent. Le
lieu y est assez régulier, mais l'unité de jour n'y est pas
observée. Le cinquième est une tragédie assez courte
pour n'avoir pas la juste grandeur que demande Aristote

---

1. Une chose sans conséquence.   **2.** Voir la note 2 de la dédicace,
p. 19.   **3.** Issue, dénouement.

et que j'ai tâché d'expliquer[1]. Clindor et Isabelle, étant devenus comédiens sans qu'on le sache, y représentent une histoire qui a du rapport avec la leur, et semble en être la suite. Quelques-uns ont attribué cette conformité à un manque d'invention, mais c'est un trait d'art pour mieux abuser par une fausse mort le père de Clindor qui les regarde, et rendre son retour de la douleur à la joie plus surprenant et plus agréable.

Tout cela cousu ensemble fait une comédie dont l'action n'a pour durée que celle de sa représentation, mais sur quoi il ne serait pas sûr de prendre exemple. Les caprices de cette nature ne se hasardent qu'une fois ; et quand l'original aurait passé pour merveilleux, la copie n'en peut jamais rien valoir. Le style semble assez proportionné aux matières, si ce n'est que Lyse, en la sixième scène du troisième acte, semble s'élever un peu trop au-dessus du caractère de servante. Ces deux vers d'Horace lui serviront d'excuse, aussi bien qu'au père du Menteur quand il se met en colère contre son fils au cinquième[2] :

> *Interdum tamen et vocem comoedia tollit,*
> *Iratusque Chremes tumido delitigat ore*[3].

Je ne m'étendrai pas davantage sur ce poème. Tout irrégulier qu'il est, il faut qu'il ait quelque mérite, puisqu'il a surmonté l'injure des temps, et qu'il paraît encore sur nos théâtres, bien qu'il y ait plus de trente années qu'il est au monde, et qu'une si longue révolution[4] en ait enseveli beaucoup sous la poussière, qui semblaient avoir plus de droit que lui de prétendre à une si heureuse durée.

---

1. Quand Corneille rédige cet Examen, en 1660, il vient de composer son *Discours du Poème dramatique* dans lequel il développe le concept de *juste grandeur* d'une œuvre dramatique. 2. Dans sa comédie postérieure, *Le Menteur,* Corneille a placé dans la bouche d'un père des reproches d'une trop haute tenue pour un père de comédie (acte V, scènes 2 et 3). 3. « Quelquefois cependant la comédie hausse aussi le ton, et Chrémès irrité s'emporte en enflant la voix » (Horace, *Art poétique,* v. 93-94 ; Chrémès est un personnage de la comédie de Térence intitulée *Phormion*). 4. Période de temps (sens astronomique : un astre qui revient à son point zodiacal a accompli une révolution).

DOSSIER

COMMENTAIRES

Action, thèmes et personnages

ANALYSE DE L'ACTION

Au début de la pièce, deux personnages se présentent à l'entrée d'une grotte. Pridamant, père désespéré en quête de son fils, explique à Dorante les causes de la fuite de ce fils de la demeure paternelle et ses propres pérégrinations depuis qu'il s'est mis à sa recherche. Dorante a de la peine à le convaincre que le magicien qu'il va lui présenter est incomparablement supérieur à tous les jeteurs de sort qu'il a consultés jusqu'ici (sc. 1). À peine apparu, Alcandre fait la preuve de cette supériorité : il a deviné ce qui amène Pridamant, lui rappelle son histoire, le rassure sur le destin de son fils. Il va même lui montrer ce fils en actes, au moyen de spectres parlants. Déjà d'un coup de baguette magique, il a dévoilé les magnifiques habits dont Clindor et ses compagnons se pareraient en public (sc. 2). Dorante une fois parti, Alcandre commence par le récit des débuts de Clindor : débuts difficiles qui montrent en Clindor un véritable héros picaresque dont les aventures font honte à Pridamant. L'évocation magique va commencer au moment où Clindor s'est mis au service d'un « brave » de la région de Bordeaux, qu'il a doublé dans ses amours. Alcandre doit préparer ses fantômes, et les deux personnages se retirent durant l'entracte (sc. 3).

Au début de l'acte II, Alcandre et Pridamant se rangent en un des recoins de la grotte d'où ils assistent à l'entrée en scène de deux « fantômes vains » représentant Clindor et Matamore (sc. 1).

Attendant Isabelle, Matamore énonce une fois de plus ses prétendus exploits, militaires et amoureux, Clindor, oreille complaisante, se contentant de relancer la verve de son maître. Isabelle apparaît suivie de son prétendant officiel, et le fanfaron, plus prudent que brave, évite cette rencontre (sc. 2). Tour à tour transi et menaçant, Adraste se fait éconduire par Isabelle, mais n'en va pas moins demander sa main au père de la jeune fille (sc. 3). Adraste disparu, Matamore et Clindor se montrent : cour burlesque de Matamore qui s'appuie sur Clindor pour faire valoir ses exploits, jusqu'à ce qu'un page, aposté tout exprès, vienne annoncer à Matamore que d'autres affaires d'amour le réclament (sc. 4). Une fois seule avec Clindor, Isabelle peut lui réaffirmer son amour. Le retour d'Adraste met en fuite la jeune fille (sc. 5). Le prétendant devine que Clindor est bien plus qu'un intermédiaire entre Matamore et Isabelle, et menace le jeune homme dont la réaction pleine de fierté témoigne d'une noble origine (sc. 6). Lyse, suivante d'Isabelle, confirme les soupçons d'Adraste, et s'offre à lui faire surprendre les deux amants lors de leur prochain rendez-vous nocturne (sc. 7). Restée seule Lyse se réjouit de pouvoir ainsi se venger de Clindor qui lui préfère sa maîtresse (sc. 8).

Ne restent plus en scène que les deux « spectateurs », Alcandre rassurant Pridamant qui craint les menaces qui pèsent sur son fils (sc. 9).

L'acte III s'ouvre sur un affrontement entre Géronte et sa fille qui refuse d'accepter Adraste pour époux (sc. 1). Isabelle sortie, Géronte exhale rapidement sa colère (sc. 2), avant d'affronter les fanfaronnades de Matamore qu'il menace de ses valets (sc. 3). Resté seul avec Clindor, Matamore adresse de loin des menaces au vieillard, et laisse libre cours à sa verve éblouissante, avant que sa terreur des valets de Géronte ne le fasse

s'enfuir devant une porte qui s'ouvre (sc. 4) pour laisser
passer Lyse, à qui Clindor fait sa cour avec un cynisme
sans vergogne, déclarant qu'il ne lui préfère Isabelle que
pour sa fortune (sc. 5). Dépit de Lyse qui, après une
dernière hésitation, n'écoute plus que sa haine (sc. 6).
La place s'étant vidée, Matamore réapparaît, tremblant
à la seule idée des valets de Géronte. Paralysé de terreur,
il voit la porte s'ouvrir et se dissimule en reconnaissant
Isabelle et Clindor (sc. 7). Duo d'amour, Isabelle s'af-
firme prête à tout pour Clindor, ce qui provoque la
colère de Matamore qui sort de sa cachette (sc. 8). Clindor n'a aucune peine à prendre l'ascendant sur lui, et
obtient qu'il lui cède « généreusement » Isabelle (sc. 9).
Celle-ci peut alors réapparaître, les amants remercient
le guerrier, et veulent échanger un baiser sous son patronage (sc. 10). Le baiser est interrompu par le surgisse-
ment d'Adraste, de Géronte et de leurs sbires : tandis
que Matamore disparaît, Clindor parvient à toucher
Adraste de son épée, avant de céder sous le nombre
(sc. 11).

Retour sur les deux « spectateurs » : désespoir de Pridamant qui croit son fils mort ; Alcandre le tranquillise
(sc. 12).

Un long monologue tragique d'Isabelle commence
l'acte IV : Adraste est mort, Clindor, légèrement blessé,
attend son exécution en prison ; Isabelle se jure de mourir après lui et de revenir hanter les nuits de son père
(sc. 1). Lyse la rejoint dehors et ironise sur sa tristesse
avant de la rassurer : elle a séduit le geôlier malgré sa
répulsion, Clindor doit s'évader la nuit même, et ils
pourront s'enfuir tous les quatre. Isabelle rentre chez
elle pour faire main basse sur l'argent de son père (sc. 2).
Lyse fait alors le point sur ses sentiments : elle voulait
se venger de Clindor, mais elle ne voulait pas sa mort ;
aussi après l'avoir perdu, le sauve-t-elle (sc. 3). Retour
d'Isabelle qui est tombée sur Matamore, terré depuis
quatre jours dans les combles de la maison ; après s'être
diverties à ses dépens, les deux femmes le chassent en le
menaçant des valets (sc. 4). Elles en rient encore (sc. 5)

quand se présente le geôlier qui leur annonce que tout est prêt (sc. 6). Monologue désespéré de Clindor dans sa prison : il se représente sa propre mort, et seule la pensée d'Isabelle est en mesure de l'apaiser (sc. 7). Entre le geôlier qui lui annonce sa mort immédiate (sc. 8), mais les archers que Clindor s'attendait à découvrir ne sont autres qu'Isabelle et Lyse ; ils disparaissent tous les quatre (sc. 9).

Alcandre rassure Pridamant sur le succès de l'aventure et lui annonce qu'il va lui montrer son fils et ses amis « en leur haute fortune » (sc. 10).

Nous retrouvons les deux « spectateurs » au début du dernier acte : Pridamant est ébloui par la métamorphose des héros qui sont en train de pénétrer sur la scène, tandis qu'Alcandre lui demande de se tenir tranquille quoi qu'il arrive (sc. 1).

C'est la nuit, nous sommes dans le jardin d'un palais. Isabelle, vêtue en princesse, raconte à Lyse, devenue « suivante », ses déboires conjugaux : son « perfide époux » a rendez-vous avec la princesse Rosine (sc. 2). Celui-ci survient à ce moment, déclare son amour à sa femme qu'il prend pour Rosine. Elle se répand alors en reproches, lui rappelle qu'elle a tout quitté pour le suivre alors qu'il n'était rien. Clindor lui réaffirme son amour, tout en faisant l'apologie de la passion passagère et en justifiant l'adultère ; mais devant la volonté de suicide d'Isabelle, il décide de résister à Rosine (sc. 3). Sous les yeux d'Isabelle cachée, il lui résiste effectivement, malgré la brûlante passion de la princesse prête à tout pour l'assouvir (sc. 4). Surviennent alors des hommes du prince Florilame : Rosine et Clindor sont assassinés, et Isabelle, qui s'était précipitée, est entraînée auprès du prince, amoureux d'elle depuis longtemps (sc. 5).

Désespoir de Pridamant sous l'œil ironique d'Alcandre, qui lui montre alors les mêmes personnages, bien vivants et en train de se partager de l'argent : devenus comédiens, Clindor et ses amis viennent d'interpréter le dernier acte d'une sanglante tragédie. Alcandre

parvient, non sans mal, à convaincre Pridamant des vertus du théâtre et du bon choix de son fils (sc. 6).

LES THÈMES

Sans entrer dans le détail de la construction dramaturgique de la comédie, on retiendra que l'action décrite ne
se déroule pas de manière linéaire. Corneille nous
raconte l'enquête d'un père à la recherche de son fils,
et cette enquête passe, grâce à la toute-puissance d'un
démiurge, par la présentation des *aventures passées* de ce
fils, puis par l'évocation de l'*activité présente* de celui-ci,
activité qui se confond avec la pièce de théâtre qu'il joue
sur un théâtre parisien. On a donc trois histoires qui
s'imbriquent les unes dans les autres, imbrication qui
réagit sur tous les plans de la pièce.

L'existence de ces trois niveaux imbriqués qui constituent l'action de *L'Illusion comique* entraîne nécessairement une sorte de hiérarchisation des thèmes.

Le premier niveau est dominé par le thème de la
toute-puissance de l'art dramatique. Il ne se manifeste
explicitement qu'au dernier acte, à travers l'éloge du
théâtre prononcé par Alcandre, mais il est présent en
filigrane tout au long de la pièce. Nous l'avons expliqué
dans la préface, et nous n'y reviendrons pas ici. Il faut
simplement retenir que tous les thèmes que Corneille a
développés dans ce cadre revêtent par là même un caractère éminemment théâtral. Si sincères et vibrants que
soient par exemple les élans du cœur des personnages
de l'acte V et leurs débats sur la fidélité conjugale, ils
n'en sont pas moins explicitement désignés à celui qui
réfléchit sur *L'Illusion comique* comme des morceaux de
pur théâtre. Car, à la différence d'un spectacle théâtral
ordinaire à la sortie duquel le public peut se dire « c'était
comme la vie », le public de *L'Illusion comique* est
contraint de se dire « c'était comme la vie, oui, mais
c'était du théâtre » : les mêmes mots revêtent *après coup*
— il faut insister, car sur le champ on ne se rend compte
de rien — une portée différente, un poids infiniment
plus léger.

C'est particulièrement le cas de ce que, dans une pièce « normale », on pourrait considérer comme les thèmes clés de l'œuvre : l'amour et la mort. La mort est présente partout : dès le premier niveau, avec la volonté de Pridamant de s'y abandonner s'il ne trouve pas son fils, mais surtout dans les second et troisième niveaux. Les aventures amoureuses de Clindor culminent dans le combat contre son rival. Celui-ci est tué, Clindor paraît succomber sous ses adversaires, ce que croit Pridamant. Il est sauvé, mais ce n'est que partie remise : condamné, il attend la mort dans sa prison, et par le biais du discours du personnage, qui imagine sa mort future, c'est à une véritable mort rhétorique que nous assistons. Il est encore sauvé, mais ce n'est une nouvelle fois que partie remise : il est assassiné sous nos yeux au dernier acte pour avoir voulu tromper son bienfaiteur. La mort est partout présente — Isabelle elle-même la réclame à plusieurs reprises (IV, 1, V, 5) —, elle guette constamment l'homme dans sa course, et elle finit toujours par l'atteindre. On trouve tout cela dans *L'Illusion comique*, mais, répétons-le, tout cela, et particulièrement la mort « définitive » du dernier acte, n'est que théâtre. Écoutons la parole du magicien-dramaturge :

> L'un tue et l'autre meurt, l'autre vous fait pitié,
> Mais la scène préside à leur inimité.
> Leurs vers font leur combat, leur mort suit leurs paroles,
> Et sans prendre intérêt en pas un de leurs rôles,
> Le traître et le trahi, le mort et le vivant
> Se trouvent à la fin amis comme devant.
>
> (V, 6, v. 1755-1760)

On n'oubliera pas enfin la fonction à la fois décorative et symbolique de la mort : Alcandre ne cesse de répéter à Pridamant qu'il ne doit pas quitter intempestivement la grotte pendant la durée du spectacle qu'il déroule devant lui. Fonction décorative, d'une part, qui fait écho aux premiers vers de la pièce, où la grotte du magicien est décrite entourée de ténèbres, d'air inaccessible, de mille morts : il faut établir le magicien dans sa pompe et sa toute-puissance. Fonction symbolique, d'autre part : nul ne peut quitter la salle de théâtre sans rompre l'enchantement.

Second thème majeur, l'amour. On ne laissera pas de remarquer que toutes les facettes de l'amour sont représentées. Pour le second niveau : amour absolu et aveugle (Isabelle), amour volage et multiple (Clindor), amour importun (Adraste), amour jaloux (Lyse). Au troisième niveau, on retrouve les mêmes caractères amoureux chez Isabelle et Clindor, à quoi s'ajoute une nouvelle forme d'amour, la passion forcenée (Rosine) et sur quoi se greffe un thème connexe : l'adultère. Il est rare qu'on trouve toutes ces facettes de l'amour dans le cadre d'une même œuvre : le caractère d'allégorie de la vie humaine que présente *L'Illusion comique* en est encore accentué.

Ce traitement thématique de l'amour ne doit pas masquer la fonction structurelle qu'il revêt à travers le sous-thème de la *mésalliance*. Depuis qu'il a abandonné la demeure paternelle, Clindor est déguisé : en se donnant pour le sieur de la Montagne, il a caché non seulement son nom, mais aussi sa noble naissance et sa fortune. Il n'est donc pas en mesure de prétendre à la main d'Isabelle — tout en assurant celle-ci de sa noble condition, afin de susciter son amour (v. 586). Dans le théâtre français du XVIIᵉ siècle, nul n'aime réellement en dessous de soi : celui qui est en dessous laisse toujours paraître, volontairement ou involontairement, des traces de sa noble origine ; on est encore loin de la vision romantique de l'amour abolisseur des barrières sociales. Avant de placer ce thème au cœur d'une des pièces du milieu de sa carrière (*Don Sanche d'Aragon*), Corneille en fait l'élément moteur des aventures de Clindor : cette opposition entre l'amour et une inégalité des conditions apparente est essentiellement destinée à créer l'obstacle à l'union des amants. Sans elle, point de rival triomphant et dangereux, point de père intransigeant, point de combat, de mort, ni de fuite ; bref, point d'action.

On finira sur le thème qui assure le lien entre les trois niveaux : la métamorphose. On aura remarqué qu'on le retrouve dans la conception même de l'œuvre. *L'Illusion comique*, c'est la métamorphose faite pièce de théâtre : rappelons la succession des différents types d'action et d'atmosphère au fil des actes, pastorale, comédie, tragi-comédie, tragédie. Et chaque niveau théâtral possède son lot de métamorphoses : c'est le vieux Pridamant, las et désespéré au début de la pièce, hostile au théâtre, qui se précipite à la fin à Paris pour se jeter à corps perdu dans l'aventure théâtrale aux côtés de son fils ; c'est le jeune Clindor, qui, après être allé de métier en métier, se déguise en homme de peu pour entrer au service de Matamore, avant de changer de peau sous nos yeux et de devenir véritablement homme (et comédien) ; c'est la servante Lyse qui commence par perdre Clindor par amour avant de le sauver et d'oublier cet amour ; c'est le capitaine anglais joué par Clindor à l'acte V, qui, après avoir fait l'éloge de la passion et de l'adultère, est capable, « dans un second change » (v. 1569) qui s'effectue sous nos yeux, de renoncer à sa passion et à sa trahison pour résister ensuite aux assauts de l'impétueuse princesse Rosine. Il ne faut pas voir seulement dans cette série de métamorphoses l'influence de l'esthétique baroque, qui cultive la métamorphose pour la métamorphose : *L'Illusion comique* sera suivie dans la carrière de Corneille d'une série d'œuvres, au premier rang desquelles *Le Cid* et *Cinna*, dont les principaux personnages (Rodrigue, Auguste) accèdent sous nos yeux — c'est-à-dire soudainement — au statut de Héros. Les métamorphoses qui affectent Clindor, dans leur brusquerie et leur schématisme, ont valeur d'annonce.

Les personnages

Le caractère composite de la pièce interdit de mettre sur le même plan tous les personnages. On distinguera autant de groupes de personnages qu'il y a de niveaux dramatiques. Mais sur ces trois groupes, un seul fait l'objet de relations dramatiques véritables, celui qui est

constitué autour du couple Clindor-Isabelle. Sur le premier niveau, Alcandre et Pridamant n'entretiennent
qu'un rapport qu'on qualifiera d'« initiation ». Sur le
troisième, il est difficile de parler de relations dramatiques, dans la mesure où nous n'assistons qu'à un
fragment d'action, prioritairement destiné à donner
l'impression d'être la suite des aventures de Clindor et
d'Isabelle ; en outre, ce qui se passe entre ces trois personnages ne débouche sur rien : Clindor et Rosine sont
assassinés, Isabelle enlevée, mais aucun de ces événements n'est directement imputable à ce que nous
voyons. Entre les trois personnages de l'acte V, on ne
peut guère parler que de relations rhétoriques.

Le tableau de l'occupation de la scène durant le premier acte rendra parfaitement compte des relations entre
les trois personnages du premier niveau :

Personnages	Scène			Total
	1	2	3	
DORANTE	55,5	13,5		69
PRIDAMANT	32,5	22,5	2	57
ALCANDRE		38	50	88
Total	88	74	52	214

Deux personnages comptent, ALCANDRE et PRIDA-
MANT. Le rapport de domination qui les unit saute aux
yeux, quelle que soit la perspective adoptée : père désespéré venant consulter un puissant magicien qui détient
le secret du destin de son fils, spectateur aveugle qui
se laisse mener au gré des illusions forgées par l'auteur
dramatique, myste recevant de l'hiérophante l'initiation
ultime, ou même patient face à son psychanalyste. Faisant son entrée seulement à la scène 2, Alcandre
acquiert immédiatement le plus fort temps de parole ; à
la scène 3, Pridamant, avec deux vers prononcés, est

transformé en simple auditeur, ce qui prépare sa transformation en simple spectateur à partir de l'acte II.

Cette relation univoque exclut du même coup le troisième personnage, DORANTE, dont la fonction est d'assurer l'exposition (il écoute le récit de Pridamant et lui vante les pouvoirs d'Alcandre), d'introduire Pridamant auprès du magicien, et, sur un autre plan, de faire savoir au public que les personnages sont tous nobles (voir les vers 70-72). Cette fonction dramaturgique remplie, Dorante est devenu encombrant pour l'établissement du rapport d'initiation entre Alcandre et Pridamant et il est chassé de la scène. Exclusion probablement nécessaire aussi en 1635-1636, à l'heure où la troupe du Marais était en cours de reconstitution : on avait besoin de l'acteur qui jouait le rôle pour assurer d'autres rôles (certainement celui d'Adraste).

Personnage tout droit sorti du monde de la pastorale, ALCANDRE, comme il nous est répété tout au long de la première scène, n'est pas un magicien comme les autres. Il dédaigne les effets de tonnerre, d'éclair, de fumée. En fait les magiciens de pastorale qui se présentaient ainsi comme des spécialistes de la pyrotechnie n'étaient pas si nombreux. Ils étaient bien plus fréquemment détenteurs d'herbes, d'eaux, de bagues ou de boîtes magiques permettant à leurs « consultants » de se métamorphoser ou de vaincre les obstacles à leurs désirs. Il en est même un, point si éloigné d'Alcandre, dont le rôle consistait à faire un long éloge de son art, puis à faire naître dans sa boule magique une vision ; seulement, les spectateurs ne pouvaient voir cette vision, réservée aux seuls personnages penchés sur la boule ; elle était donc traduite verbalement [1]. Face à cette limitation, le caractère singulier d'Alcandre éclate pleinement : l'évocation magique du présent ou du passé, qui jusqu'à lui ne dépassait pas une

---

1. Voir le rôle du mage Polisthène dans *Les Bergeries* de Racan (II, 4) qu'on peut lire dans le tome I du *Théâtre du XVIIᵉ siècle*, publié par Gallimard en 1975 (Bibliothèque de la Pléiade).

scène, devient le fondement du spectacle tout entier. Du même coup le magicien devient lui-même le pilier de la pièce, la plupart des personnages n'existant qu'à l'intérieur de cette évocation, donc à travers lui. C'est à ce compte qu'en la personne d'Alcandre toute frontière s'estompe entre le démiurge et le dramaturge.

PRIDAMANT n'a guère la latitude d'apparaître comme le père traditionnel de la comédie. On ne le voit pas en père intransigeant face à son fils Clindor. C'est, d'une part, que son rôle est suffisamment rempli par les caractéristiques originales de père repentant, las et désespéré (acte I), de spectateur privilégié (actes II-V) puis d'adversaire du théâtre (V, 6), et d'autre part qu'il est dédoublé à l'intérieur de l'évocation magique par le personnage de GÉRONTE. La sévérité dont celui-ci fait preuve face à sa fille Isabelle (III, 1) suffit à nous faire imaginer ce qu'a pu être la sévérité de Pridamant face à Clindor, et cela nous suffit. Car, dans la mesure où cet aspect du personnage est rejeté dans le passé, et où, par les vertus du dédoublement, c'est Géronte qui l'incarne à nos yeux, Pridamant n'a rien d'antipathique. Il est seulement un peu ridicule et pitoyable, et il peut, par cette absence de caractéristiques réellement négatives, nous entraîner dans ses illusions, ses terreurs et ses espoirs à la vue des aventures de Clindor.

Le fond des relations entre les personnages des actes II, III et IV est directement issu de la comédie à l'italienne et, plus particulièrement, de la *commedia dell'arte*. On ne s'attardera donc sur ces relations et sur les constituants essentiels de leurs caractères que dans la mesure où ils s'écartent nettement de la tradition.

Premier couple entré sur scène, Matamore et Clindor, paraissent reproduire au début de l'acte II, le schéma traditionnel des relations entre le fanfaron et son valet-parasite, schéma presque aussi ancien que le type du soldat fanfaron lui-même, une des plus vieilles figures du théâtre comique occidental. On le trouve dans la comédie grecque (*Les Acharniens* d'Aristophane), et

Acte II

Personnages	Scène									Total
	1	2	3	4	5	6	7	8	9	
ALCANDRE.	5								2,5	7,5
PRIDAMANT	1								1,5	2,5
MATAMORE		99,5		37						136,5
CLINDOR...		26,5		10,5	19	16				72
ADRASTE...			28			30	21			79
ISABELLE...			35	18	23			12		76
LYSE.......							23			35
Page........				1,5						1,5
Total....	6	126	63	67	42	46	44	12	4	410

Acte III

Personnages	1	2	3	4	5	6	7	8	9	10	11	12	Total
							Scène						Total
ALCANDRE.												2,5	2,5
PRIDAMANT												1,5	1,5
MATAMORE			24	24,5			20	1	26,5	9,5	2		107,5
CLINDOR			3	3,5	36			12,5	13,5	2	4		74,5
ADRASTE											1		1
ISABELLE	22,5							24,5		3,5			50,5
LYSE					16	38							54
GÉRONTE	25,5	12	23								4		64,5
Total	48	12	50	28	52	38	20	38	40	15	11	4	356

Acte IV

Personnages	Scène										Total
	1	2	3	4	5	6	7	8	9	10	
ALCANDRE										15,5	15,5
PRIDAMANT										0,5	0,5
MATAMORE				26,75							26,75
CLINDOR							60	4,5	4,5		69
ISABELLE	50	24,5		9,5	9,5	8,5			8,75		110,75
LYSE		88,5	15	8,25	6	2			0,5		120,25
Geôlier						7,5		7,5	6,25		21,25
Total	50	113	15	44,5	15,5	18	60	12	20	16	364

l'ancêtre le plus fameux de MATAMORE est Pyrgopolinice
(« vainqueur de tours et de villes »), héros d'une comédie
de Plaute, *Miles Gloriosus* (vers 200 avant J.-C.), qui a
connu au moins quatre traductions ou adaptations entre
1550 et 1640. Ce type, qui, rappelons-le, fait partie du
personnel obligatoire de la *commedia dell'arte*, a connu
une fortune considérable dans toute l'Europe de la fin
de la Renaissance, et particulièrement en France durant
les quarante premières années du XVIIe siècle. On ne
cherchera pas dans le Matamore de Corneille un « caractère » original. Il est exactement conforme au type : il se
donne comme l'incarnation du dieu Mars et du dieu
Amour, et il est en fait le plus couard des hommes
d'armes et le plus ridicule des amants. Corneille s'est
contenté — mais c'est essentiel — de pousser à l'extrême ces caractéristiques, notamment sur le plan rhétorique comme nous le verrons plus loin (voir « Le travail
de l'écrivain », p. 149).

Durant les actes II et III, Matamore est le personnage
qui possède, de très loin, le plus fort temps de parole
(voir tableaux plus haut), ce qui paraît faire de lui le
personnage principal, et fait ressortir par contraste son
inactivité. Tout change à l'acte IV, parce que nous avons
quitté la comédie pour la tragi-comédie. La thématique
de la mort est devenue prédominante, ainsi que d'autres
thèmes mineurs de la tragi-comédie : la prison, la fuite
de la demeure paternelle, l'évasion, thèmes liés à ce
qu'on appelle les héros, et qui excluent, comme naturel-
lement, le fanfaron.

Le personnage de CLINDOR est beaucoup moins facile
à définir. On peut estimer que ce sont les conventions
de l'*allégorie de la vie humaine* présentée au public qui
expliquent pour l'essentiel qu'il présente des visages à ce
point différents. En fait, que Corneille ait réussi à nous
donner l'impression d'une évolution de son personnage
ne doit pas masquer qu'il est le résultat de la combinai-
son de plusieurs types différents.

Le premier type auquel il se rattache est un type nar-
ratif : Clindor est décrit par Alcandre (I, 3, v. 163-187)

comme l'un de ces héros des romans picaresques espagnols, qui ont donné leur nom au genre, les *picaros*, passant de métier en métier, d'état en état, d'aventure en aventure, peu soucieux d'honnêteté et de morale. Remarquons que ce type, qui appartient exclusivement au domaine de la narration romanesque, fait précisément l'objet dans *L'Illusion* d'une simple narration.

Second type, sous lequel il nous apparaît au début des actes II et III, celui du valet-parasite, faire-valoir plus ou moins ironique du fanfaron. Troisième type — fin des actes II et III — l'amant romanesque et entreprenant, dans lequel on reconnaîtra sans peine l'heureux amoureux d'Isabella dans la *commedia dell'arte*. Dans *L'Illusion*, ces deux types ne sont pas si opposés que leur disposition symétrique et opposée dans les actes II et III peut le donner à croire. Corneille a assuré le lien entre les deux en donnant à Clindor les traits d'un amant volage : tout en séduisant la maîtresse (type de l'amoureux), il fait la cour à la servante (type du valet). Par là Clindor se rapproche d'une lignée de héros à la française, celle que Jean Rousset appelle « la descendance d'Hylas » (*La Littérature de l'âge baroque*, p. 47 sq.), du nom de ce gracieux héros qui est l'apôtre de l'inconstance amoureuse dans le plus fameux roman du XVIIe siècle, *L'Astrée* d'Honoré d'Urfé.

Remarquons, pour finir, que Clindor, premier rôle de la pièce parce qu'il est l'objet de la quête de Pridamant, parce qu'il est le plus souvent présent en scène (14 scènes contre 12 à Isabelle, 10 à Matamore et à Lyse, sans compter les 3 scènes de la tragédie de l'acte V), n'est que le second rôle à l'intérieur de chacun des actes II, III et IV (voir les tableaux ci-dessus). En ce qui concerne le temps de parole, il est systématiquement devancé par un autre personnage : par Matamore dans les actes II et III, par Isabelle et Lyse dans l'acte IV. Comme si, dépendant toujours du bon vouloir d'un autre personnage, il était sans prise sur son destin.

Quant à ADRASTE, qui ne prononce que 80 vers (79 dans l'acte II et 1 dans l'acte III) avant d'être expédié

dans l'autre monde sans que nul le regrette, il corres-
pond au type du rival éconduit dans la *commedia
dell'arte*. Amant sérieux, tranquille et sentimental, il est
l'antithèse de Clindor, et, comme dans la plupart des
canevas qui présentent ensemble ces deux types
d'amoureux, c'est lui qui triomphe dans le cœur du père
de l'héroïne. Dans *L'Illusion comique*, son rôle se durcit
du fait de la jalousie que lui prête Corneille, ce qui permet de le rendre antipathique et de justifier par avance
sa mort à la fin de l'acte III.

On se plaît à voir en ISABELLE une préfiguration des
« héroïnes cornéliennes » du fait de sa fierté, de sa résis-
tance et de son intrépidité. Mais ces trois caractéristiques sont dues pour la plus large part à sa position
dans le réseau des relations entre les personnages. Même
l'ironie dont elle fait preuve à l'égard des prétendants
qu'elle repousse (Adraste et Matamore) est liée à cette
position ; on la retrouve d'ailleurs chez d'autres amoureuses de comédie. On aurait plutôt l'impression,
notamment en lisant son premier duo amoureux avec
Clindor (II, 5), durant lequel elle coupe court aux protestations d'amour convenues de Clindor pour réaffirmer ses principes amoureux, que Corneille s'est efforcé
de réduire ce personnage à ce que nous appellerions
volontiers son essence dramaturgique : l'amoureuse de
comédie. Le fait que le personnage n'en reste pas moins
crédible et attachant pour le spectateur est à mettre
entièrement au crédit du dramaturge. Cela est dû
notamment, comme pour Clindor, à l'image qu'elle présente à l'acte IV (sc. 1), se hissant au rang d'héroïne de
tragédie, prête à rejoindre son amant dans la mort, et
décidée à se venger de son père en s'ensanglantant.

Deuxième personnage de la pièce (236 vers en
12 scènes), elle ne domine aucun des actes II, III et IV.
Même dans l'acte IV où son temps de parole est presque
deux fois plus important que celui de Clindor, elle est
devancée par Lyse, véritable maîtresse de son destin et
de celui de son amant.

C'est que LYSE est l'une des premières en date des grandes soubrettes du théâtre français. Mais, si elle annonce effectivement les servantes actives de Molière et de Marivaux, son rôle témoigne aussi de l'influence de la *commedia dell'arte* sur *L'Illusion comique*. Il n'existe, en effet, à cette époque aucune tradition française de servante active et malicieuse ; même chez Molière il n'y a guère que Toinette qui ait prise véritable sur le cours de l'action (*Le Malade imaginaire*, 1673). En tout cas, Corneille s'est laissé prendre par le rôle en lui conférant une dimension tragique (III, 6), ce qu'il paraît avoir regretté après coup (voir son Examen, p. 117-118) ; son monologue l'éloigne, en effet, fortement de l'image d'une soubrette italienne dont elle est paradoxalement bien plus proche à l'acte IV lorsque Isabelle et Clindor se préparent à la mort, et que, sûre du succès de ses plans, elle joue avec les sentiments d'Isabelle (IV, 2). L'ambiguïté de son statut est due à l'ambiguïté du statut de Clindor : elle est servante quand il est valet (acte II), elle est femme bafouée lorsqu'il joue au petit maître courtisant la servante après la maîtresse (III, 5), elle redevient servante lorsque, par sa rencontre avec la mort, il s'est définitivement éloigné de la sphère des serviteurs (acte IV). À cette explication « fonctionnelle » du personnage, ajoutons l'interprétation de G. Couton qui a cherché dans son comportement une profondeur, voyant en elle la préfiguration de nombre d'amantes cornéliennes qui renoncent à leur amour et s'effacent, tout en « donnant » leur amant à une autre.

Dans son rôle d'opposant aux désirs des amants, GÉRONTE est un père comme il s'en fait depuis deux mille ans dans le genre comique : son nom même, qui désigne le vieillard de toujours, l'enracine dans la tradition. On notera simplement que, peu sympathique par nécessité dramatique, il n'est pas très « chargé » par Corneille : s'il veut marier sa fille à son prétendant, ce n'est nullement par caprice et encore moins par avarice ; le prétendant est « parfait » comme le reconnaît Isabelle (v. 635), et c'est précisément l'absence d'argument légi-

time de la part de sa fille[1] qui le met en colère. D'autre
part, il ne possède aucun trait ridicule, à la différence de
nombre de pères qui occupent la même position que lui.
C'est particulièrement net lorsqu'on observe son face à
face avec Matamore (III, 3) : les pères de la comédie
italienne sont souvent aveugles devant les ridicules des
fanfarons, qu'ils considèrent même quelquefois comme
des prétendants tout à fait dignes d'intérêt pour leurs
filles. Ainsi, eu égard à la tradition et aux nécessités de
la construction dramatique, on peut estimer que Corneille a traité malgré tout ce personnage de manière rela-
tivement réaliste.

Les deux principaux personnages de la tragédie de
l'acte V présentent un double visage. Ils sont en premier
lieu un grand seigneur anglais et son épouse (comme le
précise à partir de l'édition de 1644 la liste des personnages). Mais ils sont aussi Clindor et Isabelle qui jouent
des rôles rappelant leurs aventures passées, et des personnages leur ressemblant. Le seigneur anglais au passé
d'aventurier et aux sentiments volages est face à une
femme dévouée à qui le sacrifice de sa vie ne fait pas
peur. La différence avec les actes précédents est que
désormais il théorise ses sentiments, ce qui lui permet
de devenir le premier personnage de cet acte V — tandis
que Lyse, en accédant à la condition de « suivante » perd
toutes ses qualités actives et n'est plus qu'une confidente
(voir tableau ci-après) :

Acte V

Personnages	Scène						Total
	1	**2**	**3**	**4**	**5**	**6**	
ALCANDRE .	4					64	68
PRIDAMANT	2				0,5	36	38,5
CLINDOR			98,25	39	2		139,25
ISABELLE ...		22	97		8,5		127,5
LYSE		20	0,75		0,5		21,25
ROSINE				71	2		73
ÉRASTE					12,5		12,5
Total	6	42	196	110	26	100	480

Malgré cette prééminence verbale du seigneur anglais joué par Clindor, le personnage ne possède aucune maîtrise de son destin. Comme Clindor tombait dans un guet-apens avec son amante (III, 11), le seigneur anglais est surpris avec la princesse Rosine, et cette fois il laisse la vie dans l'affaire.

Compte tenu de la conformité de ces personnages avec ceux des actes II, III et IV, un seul d'entre eux se détache vraiment, à la fois parce qu'il est nouveau, et parce qu'il manifeste un caractère hors du commun. Le caractère de la princesse ROSINE, amante égarée, violente et dénuée de remords, n'est pas sans rapport avec cette série d'héroïnes absolues et forcenées que Corneille s'est plu à peindre depuis *Médée* et dont la Cléopâtre de *Rodogune* représente la figure la plus célèbre. Mais dans *L'Illusion*, cette violence est mise exclusivement au service de l'amour adultère, et elle est d'autant plus frappante que le seigneur joué par Clindor, fort de ses sentiments fraîchement retrouvés de mari fidèle, résiste farouchement : Rosine paraît d'autant plus immorale que celui qui l'avait séduite a retrouvé le chemin de la morale conjugale.

C'est cette immoralité qui explique que le personnage le plus cornélien de *L'Illusion comique* ait disparu du remaniement de 1660. Les principes classiques y sont certes pour beaucoup : Corneille est le premier à estimer qu'il est de mauvaise dramaturgie d'introduire *in extremis* de nouveaux personnages. En fait la structure particulière (« capricieuse ») de *L'Illusion* autorisait toutes les entorses à la dramaturgie, comme on va voir. En revanche, le public de 1660 n'est plus celui de 1635 : le personnage de Rosine est tout entier un manquement aux règles de la bienséance.

Dramaturgie

Corneille écrit en 1660 dans l'Examen de *L'Illusion comique* : « c'est une galanterie extravagante qui a tant d'irrégularités qu'elle ne vaut pas la peine de la considérer ». Il examine ensuite comment il a « cousu ensemble » les différents éléments qui constituent sa pièce. Le spectateur de la fin du XXᵉ siècle ne se préoccupe plus que de ce dernier aspect, habitué depuis un siècle à toutes les audaces en matière d'écriture et de mise en scène dramatiques ; pour lui la notion d'irrégularité n'a plus ni signification, ni importance. Or en 1635 elle possédait déjà une signification, et en 1660 elle revêtait une importance considérable. Examiner la dramaturgie de *L'Illusion comique* nécessite donc en fait une double approche : la confronter aux critères de régularité en premier lieu ; examiner sa construction ensuite.

LA QUESTION DE LA RÉGULARITÉ

Il faut bien observer que *L'Illusion comique*, quoique œuvre du XVIIᵉ siècle, quoique engendrée par Corneille, un des princes des écrivains classiques, est absolument étrangère aux principes classiques. Cela a provoqué le dédain de la France cultivée du XVIIIᵉ siècle au début du XXᵉ, mais cela n'a pas empêché son succès à l'époque de sa création. C'est qu'entre 1630 et 1640 coexistent dans le panorama littéraire français deux courants esthétiques entre lesquels hésitent tous les créateurs.

Celui qui est en ascension et finira par rallier à lui la grande majorité des écrivains de la deuxième moitié du XVIIᵉ siècle, le courant classique, postule qu'une pièce de théâtre doit être une *imitation* de la vie. Il faut que le spectateur soit persuadé d'assister à une « action véritable », et pour cela il faut que rien durant le cours de l'action ne puisse lui faire remarquer qu'il est au théâtre. Cela signifie que tout doit être absolument *vraisemblable*. Ce qui bannit l'extraordinaire de la scène : une mère qui tue ses enfants (cf. *Médée*), cela arrive, mais c'est un acte contre nature, qui s'écarte du comportement normal des hommes. Le mettre sur la scène choque non seulement les bonnes mœurs, mais surtout la raison. Le spectateur sentira donc l'arbitraire de l'auteur derrière le choix d'un tel événement, et l'imitation absolue sera détruite. Autre conséquence : la durée de l'action ne doit pas excéder

la durée de la représentation ; les entractes permettent
de supposer une accélération du temps, mais il faut éviter de dépasser une durée totale de vingt-quatre heures.
Plus longtemps, et le spectateur serait trop sensible à
l'artifice et l'illusion absolue du vrai s'évanouirait. C'est
ce qu'on appelle l'*unité de temps*. La troisième conséquence est qu'en vingt-quatre heures il ne peut vraisem-
blablement se passer qu'un minimum d'événements
importants : il faut donc ramasser l'action et la concentrer autour des intérêts d'un nombre restreint de personnages en relation étroite les uns avec les autres. C'est ce
qu'on appelle l'*unité d'action*. La quatrième conséquence
est que l'espace dans lequel évoluent les personnages
doit être toujours le même : si le spectateur voit que sous
ses yeux l'action se déplace d'un lieu à un autre, sans
que lui-même se déplace, il se dira qu'il y a là un artifice
à la fois scénique et intellectuel, et que ce qu'il voit
« n'est que du théâtre ». De là l'imposition progressive,
et tardive, de l'*unité de lieu*.

L'autre courant esthétique postule au contraire qu'il
faut répondre à l'attente des spectateurs, attente
d'éblouissement, de mouvement, de comportements
extrêmes, de succession de rires et de pleurs. Il faut
satisfaire les sens avant de satisfaire la raison. Éblouir les
spectateurs suppose que l'auteur use de tous les artifices
pour cela : peu importe que le public se rende compte
qu'un auteur le force à le suivre là où la pente de son
imagination l'entraîne. Satisfaire son goût du mouvement nécessite de mettre en scène des histoires
complexes, où les épisodes s'entassent les uns sur les
autres, où les personnages se poursuivent de lieu en lieu,
sans tenir compte de la durée nécessaire à l'accomplisse-
ment de telles aventures. Faire rire et faire pleurer
implique l'alternance des tons à l'intérieur d'une même
œuvre.

On voit sans peine que *L'Illusion comique* se rattache
à ce second courant, qui a largement triomphé dans le
reste de l'Europe, notamment dans l'Angleterre de Shakespeare et dans l'Espagne de Lope de Vega ; le courant
qu'on a appelé rétrospectivement le courant *baroque*. Et

l'on considère même volontiers *L'Illusion comique* comme le chef-d'œuvre du théâtre baroque français.

Que faut-il relever quand on envisage *L'Illusion comique* sous cet angle ? En premier lieu, que tout est invraisemblable : un magicien qui suscite des fantômes parlants, un fanfaron « qui n'a d'être que dans l'imagination », comme le relève Corneille (Examen) ; en second lieu, que, du fait de l'enchevêtrement des plans, l'action est dénuée de tout équilibre et de toute concentration, et qu'en outre l'action de la première pièce intérieure est dépourvue de fin véritable, tandis que celle de la seconde est dépourvue de commencement ; en troisième lieu, que les rires et les pleurs se succèdent à un rythme de plus en plus serré (particulièrement à l'acte IV), les aventures de Clindor débutant au milieu du rire de la comédie traditionnelle et s'achevant dans une atmosphère de tragédie.

Et que penser du lieu et du temps ? Corneille joue à nous faire croire que « le lieu [de la pièce intérieure] est assez régulier » et que « l'action [de l'ensemble] n'a pour durée que celle de la représentation » (Examen). Mais il écrit cela en 1660, lorsque le courant régulier a définitivement triomphé et qu'il faut tout juger à l'aune des unités de temps et de lieu (elles sont les plus voyantes). Certes, la coïncidence entre le temps de l'action et le temps de la représentation est absolue en ce qui concerne les relations entre Alcandre et Pridamant ; mais, pour ce qui est de l'action enchâssée, il se déroule quatre jours entre le troisième et le quatrième acte, deux ans entre le quatrième et le cinquième. L'argument de Corneille est donc à la fois vrai et faux. Il en va de même pour le lieu. Tout est censé se dérouler à l'intérieur de la grotte du magicien, sur le fond de laquelle il projette ses « spectres » : mais ceux-ci sont établis non pas dans le cadre de la Touraine, où est établi Alcandre, mais à Bordeaux ; au quatrième acte on passe de la maison d'Isabelle à la prison, et, pour finir, on se retrouve sur la scène d'un théâtre parisien (acte V).

Il faut noter, pour finir, qu'on aurait tort de juger le baroque théâtral français à partir de la seule *Illusion comique*. Le baroque théâtral français a le plus souvent évité le mélange des genres et le mélange des tons, ce qui est l'une des caractéristiques essentielles de la comédie de Corneille. Corneille ne s'est donc pas seulement laissé entraîner par un courant esthétique : sur ce plan, il a surtout exploité jusqu'à ses plus extrêmes conséquences les possibilités et les facilités que lui offrait une structure qui mettait, en quelque sorte, le théâtre en parade et permettait d'en présenter diverses facettes. Les termes de *monstre* et de *caprice* prononcés dès la création sont significatifs : les pièces les plus échevelées, les plus dispersées, les plus chargées de matière des dramaturges des années 1620-1640, loin d'être présentées par leurs créateurs comme des *caprices*, sont considérées comme des « poèmes dramatiques » parmi les autres. À l'intérieur même du courant baroque, *L'Illusion comique* est une pièce singulière.

LA CONSTRUCTION DE LA PIÈCE

Relisons la dédicace de Corneille. « Le premier acte n'est qu'un prologue, les trois suivants font une comédie imparfaite, le dernier est une tragédie, et tout cela cousu ensemble fait une comédie ». Les choses paraissent bien simples à le lire. En fait, cette simplicité masque une construction d'une extraordinaire habileté : la présentation de Corneille suggère le pot-pourri et, au mieux la juxtaposition, alors que toutes les parties se tiennent étroitement.

L'acte I semble n'être effectivement qu'un prologue dans la mesure où il précède l'histoire principale, les aventures de Clindor et d'Isabelle, qui est sans rapport avec lui. En fait, les deux personnages de l'acte I vont suivre de leur regard et rythmer de leurs réflexions le déroulement de l'action principale. Le chœur antique n'est pas si loin, et, par là, ce premier acte est bien plus qu'un prologue. Car il constitue à lui seul une sorte d'histoire, celle de la rencontre entre Alcandre et Pridamant, et cette histoire ne prend fin qu'au dernier vers de la pièce. Il institue donc une action qui *englobe* la totalité de ce qui se déroule dans les actes suivants, à la fois la « comédie imparfaite » et la « tragédie », qui par rapport au point de vue des deux « spectateurs » ne sont pas distinguées. D'autre part, quelle est la nature de l'action contenue dans cette « comédie imparfaite » ? À nos yeux, il s'agit d'une action on ne peut plus théâtrale, certes ; mais sur le plan interne (celui des personnages) il s'agit des aventures passées et « réelles » du fils du spectateur intérieur. D'où l'émotion que Corneille lui fait manifester de loin en loin — et qui culmine par une intervention à l'intérieur même du dialogue enchâssé (V, 5, v. 1700) —, cette émotion renforçant le lien entre les deux niveaux dramatiques. D'où l'élaboration des aventures de Clindor elles-mêmes, largement conçues pour susciter cette émotion : la fin de l'acte II se termine sur une menace (le piège va-t-il se refermer sur lui ?), la fin de l'acte III sur un meurtre (sera-t-il condamné ?), la fin de l'acte IV sur une impatience (il est monté haut, mais jusqu'où ?).

De même, le fragment de tragédie de l'acte V n'est pas seulement « cousu » au reste de la pièce. Au terme de leurs aventures (après l'acte IV), Clindor et sa suite sont devenus comédiens : c'est en tant que comédiens qu'ils nous donnent à voir une tragédie. Les scènes tragiques de l'acte V sont donc *englobées* dans l'histoire de Clindor, qui se poursuit ainsi, sans qu'il y paraisse, tout au long de l'acte. Il est vrai que nous ignorons tout cela, mais peu importe, puisque cet acte V prétend de toute façon nous montrer la suite des aventures de Clindor, et que le public, comme Pridamant, est persuadé qu'il s'agit de la suite de ces aventures.

Ces trois niveaux de représentation, on peut les formaliser de la façon suivante :

	Acte I	Acte II	Acte III	Acte IV	Acte V
1er niveau	———	———	·········	———	———
2e niveau		——	——	——	········
3e niveau					——

On voit que Corneille dans sa présentation affecte de ne considérer que l'organisation horizontale de sa pièce, alors que la principale originalité de celle-ci est de reposer sur une *construction verticale*, où les histoires s'enchâssent les unes dans les autres. C'est qu'il voulait faire valoir auprès de son lecteur sa parfaite maîtrise de dramaturge : expliquer qu'à partir de morceaux d'origines diverses on a fait une œuvre qui se tient parfaitement, suffisait à faire valoir parfaitement cette maîtrise ; il ne lui importait pas d'entrer dans les secrets de son art.

Il a pourtant bien été obligé de lever en partie le voile de ces secrets, afin de répondre, si on l'en croit, à des détracteurs. À l'acte V, écrit-il, « Clindor et Isabelle, étant devenus comédiens sans qu'on le sache, représentent une histoire qui a du rapport avec la leur, et semble en être la suite. Quelques-uns ont attribué cette conformité à un manque d'invention, mais c'est un trait d'art pour mieux abuser par une fausse mort le père de Clindor qui les regarde... ». Nous sommes là au cœur de la question de dramaturgie la plus intéressante que propose *L'Illusion comique* : chercher à savoir comment Corneille est parvenu à faire croire que le troisième niveau s'inscrivait dans le prolongement du second, comment il a créé cette illusion dans laquelle le public tombe immanquablement.

Les « traits d'arts » sont nombreux, et l'on ne peut que se contenter de les citer rapidement : la fonction de Pridamant, qui est moins de tomber dans le piège que de nous entraîner plus sûrement dans son erreur ; son dialogue avec Alcandre sur le devant de la scène au début de l'acte V, destiné à nous faire croire qu'Isabelle et Lyse, quoique « changées » sont toujours Isabelle et Lyse ; l'absence de toute nomination des héros dans le cours de cet acte[1] ; le vide fait autour de cette scène parisienne qui aurait pu être entourée de spectateurs. Mais il faut s'attarder sur le principal trait d'art, celui

---

1. Clindor et Isabelle ne sont désignés comme Théagène et Hippolyte que dans les rubriques de scène, et seulement à partir de l'édition de 1644.

auquel Corneille fait allusion : la « conformité » des histoires. Pour désigner le même phénomène, on parle plus volontiers aujourd'hui d'*effet de miroir*, et plus encore de *mise en abyme*. À la suite d'André Gide qui a emprunté la notion à la science des blasons, on désigne par *mise en abyme* toute relation de ressemblance établie entre une histoire principale et une histoire enchâssée. En général cette relation est explicite, et elle est destinée à donner une dimension supérieure, une signification plus profonde à l'histoire principale. Rien de tel dans *L'Illusion*, où Corneille a au contraire masqué la relation d'analogie afin de créer une impression de continuité.

Cette relation d'analogie entre l'acte V et les actes II, III et IV joue principalement sur deux plans : le plan des relations entre les personnages, le plan des caractères. On observe ainsi en premier lieu que la moitié de la scène 3 de l'acte V n'est qu'un trompe-l'œil : les reproches mutuels que s'adressent les deux époux sont en fait une rétrospective pure et simple des aventures passées d'Isabelle et de Clindor. Par exemple, la tirade de l'épouse contient quatre thèmes importants, la fidélité, l'inégalité des conditions des deux époux, le dédain des rivaux et la fuite, qui renvoient explicitement aux événements du deuxième niveau. D'autre part, la psychologie prêtée aux personnages de l'acte V est calquée sur celle des héros des actes précédents. Clindor, amoureux inconstant de l'acte III, se retrouve tel quel dans le seigneur anglais de l'acte V ; il est « ingrat » et « perfide » aux yeux de son épouse (V, 2 et 3), comme Clindor était « perfide », « déloyal » et « ingrat » aux yeux de Lyse (III, 6). Le revirement du seigneur parachève cette continuité. L'acte IV nous avait montré un Clindor face à la mort, qui délaissait son personnage d'inconstant pour ne plus invoquer que le nom d'Isabelle ; le seigneur anglais, devant la ferme détermination de sa femme à mourir, quitte soudain son inconstance pour retrouver la voie de l'amour conjugal. Et l'on pourrait faire les mêmes remarques concernant les relations entre la femme du seigneur et Isabelle.

La tragédie de l'acte V n'est donc qu'un pur trompe-

l'œil, mais Corneille avait poussé l'ironie jusqu'à en prévenir son public longtemps à l'avance, bien certain que
ce public, à l'image de Pridamant, serait incapable de
comprendre l'artifice. Que faut-il comprendre, en effet,
à la lecture de la rubrique de scène suivante (I, 2) ?

*Il donne un coup de baguette et on tire un rideau derrière
lequel sont en parade les plus beaux habits des comédiens.*

Certes, on ne dit pas au public que ces habits sont des
habits de comédiens. Pourtant tout est clair *a posteriori*.
Alcandre a montré les habits dont Clindor, dit-il, « ose
se parer en public » (v. 144), un « équipage » qui a autant
de splendeur que celui d'un prince. Précise-t-il que
Clindor est devenu l'équivalent d'un prince ? Nullement. D'ailleurs Pridamant nous avertit de l'impossibi-
lité d'une telle ascension (« sa condition ne saurait
endurer / Qu'avecque tant de pompe il ose se parer »
v. 139-140). Toutes les explications concernant la nouvelle condition de Clindor sont ainsi des explications à
double entente. Le public croit que le héros est devenu
grand seigneur, alors que sa « haute fortune » (v. 1338)
ne désigne que l'accession à un métier qui, aux yeux
d'Alcandre-Corneille, a autant d'« éclat » que la condition princière.

Le travail de l'écrivain

Le jeu ironique auquel se livre Corneille en élaborant
dès l'acte I le piège de l'acte V et en donnant des indices
qui pourraient permettre de n'y pas tomber, est parfaitement révélateur de sa maîtrise dramatique. *L'Illusion
comique* apparaît comme une œuvre où le créateur
domine de bout en bout sa matière. Ce n'était pas là
une exercice facile, dans la mesure où, comme nous
l'avons dit, le théâtre y est en parade.

Parade des genres dramatiques, d'une part ; mais ces
genres dramatiques ne se heurtent pas parce qu'ils ne
sont pas introduits de la même manière. La pastorale,
qui est représentée par le personnage du magicien sur

lequel repose la présentation des autres genres dramatiques, constitue le cadre. Dans ce cadre, la comédie est
représentée par des personnages (ceux de la *commedia
dell'arte*) ; la tragi-comédie par des situations (la
séquence duel-prison-risque de mort-évasion) ; la tragédie par un style et un dénouement (le style élevé et la
mort). Et l'on passe comme insensiblement de l'un à
l'autre au fil d'une action qui se durcit progressivement.
Les personnages de comédie rencontrent le monde de la
tragi-comédie à travers ses dangers, tandis que s'efface
le fanfaron qui incarnait la comédie ; puis les mêmes
personnages, qui avaient déjà eu un avant-goût de la
mort, rencontrent, avec les costumes de l'emploi, le style
élevé de la tragédie. Ce qu'il faut plus particulièrement
souligner, c'est le souci de la continuité manifesté par
Corneille : le danger pointe son nez à l'intérieur même
du monde de la comédie (II et III) ; l'insouciance et le
burlesque ne sont pas exclus du monde de la tragi-comédie (IV, 2 et 4) ; quant au lien entre la tragédie de
l'acte V et les actes précédents, on sait le rôle fondamen-
tal joué par la *mise en abyme*. On voit que Corneille ne
s'est pas reposé sur la seule structure d'ensemble pour
assurer l'unité de sa comédie : la variété des manières et
des matières est rendue cohérente par un travail subtil
sur l'effet de continuité.

Parade des acteurs, d'autre part. Laissons de côté
Matamore, pour l'instant — la seule présence d'un rôle
aussi codé est parade théâtrale — et examinons les trois
principaux rôles de la pièce intérieure, Clindor, Isabelle
et Lyse, personnages de comédie qui sont à tour de rôle
crédités d'un monologue tragique. Corneille a paru
regretter après coup d'avoir hissé Lyse au-dessus de sa
condition (III, 6), ce qui pouvait être considéré comme
une « faute » d'écriture dramatique à son époque. En
vérité, il n'a pas sacrifié la cohérence de sa pièce à un
numéro d'acteur, comme l'indique le fait qu'il n'a pas
modifié en profondeur ce monologue lors du grand
remaniement de 1660. Le monologue hésitant de Lyse
est parfaitement accordé à la place du personnage dans
l'action, puisque, aimant et détestant Clindor tout à la

fois, elle tient entre ses mains son destin. Le mouvement
est exactement inverse pour Isabelle et Clindor. Leurs
monologues tragiques paraissent justifiés par le fait
qu'ils sont les principaux personnages et qu'un péril de
mort plane sur la tête de l'un d'entre eux. Or la justifica-
tion de ces monologues relève de l'artifice : rien ne permet de comprendre pourquoi Lyse rassure Isabelle sur
le sort de son amant seulement à la scène 2 de l'acte IV,
si ce n'est la nécessité de lui laisser prononcer son monologue. Il en va de même pour le monologue de Clindor
dans sa prison (IV, 7). Sa gratuité paraît même encore
plus évidente dans la mesure où le public lui-même est
rassuré sur son sort et s'attend à le voir délivré par le
geôlier et les deux jeunes filles. Artifice, donc, mais parfaitement dissimulé par la perspective interne, celle qui,
par le jeu de l'identification, conduit le spectateur à
n'adopter que le strict point de vue du personnage. En
outre, dans cette démonstration de maîtrise dramatique,
ce qui est gratuit sur un plan joue un rôle sur un autre
plan : Clindor et Isabelle, dans ce face à face rhétorique
avec la mort, prennent une nouvelle dimension et prélu-
dent aux personnages de tragédie qu'ils représenteront
au dernier acte.

La cohérence esthétique de cette pièce bute finale-
ment surtout sur l'existence de Matamore. Un tel personnage n'est, en effet, assimilable par aucune intrigue.
Or cela n'a pas empêché plusieurs confrères de Corneille
d'intégrer des capitans fanfarons dans des intrigues de
tragi-comédie (l'un d'eux est même le confident d'un
héros), comme s'il était possible qu'un tel personnage
cessât d'être un rôle pour devenir un caractère. Corneille a pris le parti contraire. Il a renforcé l'aspect de
pure figure théâtrale du personnage : son fanfaron n'a
ni passé, ni avenir ; il ne vit de rien, n'agit pour rien, n'a
aucun but. Il occupe la scène de son verbe.

On aime souvent voir en Matamore une parodie avant
la lettre de Rodrigue, Horace ou Nicomède ; comme si
Corneille se délassait de ses hautes créations avant
même de les avoir entreprises et dénonçait par avance ce

qui allait être l'un des fondements de son théâtre tragique. Gardons-nous de ce contresens. D'une part, on pourrait être effectivement troublé par certains rapprochements si Corneille avait été le seul auteur dramatique à avoir créé un personnage de ce type. Mais durant les quelques années qui précèdent et suivent immédiatement *L'Illusion*, on ne trouve pas loin d'une dizaine de capitans ridicules sur les scènes parisiennes : si le personnage est originellement parodique, il est devenu un *type* — au même titre que le pédant —, et en reprenant un type, dont tous les traits sont établis depuis deux mille ans, ni Corneille, ni ses confrères ne mettaient en question leurs propres héros de tragédie ou de tragi-comédie. Si les contemporains sentaient à nouveau sourdre la parodie à travers le type, ce n'était rien d'autre que la parodie des soldats espagnols qui menaçaient la France à la même époque[1]. D'autre part, il y a bien des échos dans *Le Cid* du discours hyperbolique de Matamore, mais c'est le Comte qui en est le siège et non Rodrigue. D'ailleurs, c'est le Comte et non Rodrigue que Scudéry, pourtant adversaire acharné du *Cid*, a traité de Capitan ridicule et de Matamore tragique (*Observations sur Le Cid*). Voulant discréditer ce personnage, Corneille a pu effectivement lui donner des accents de fanfaron sérieux. Mais est-ce bien sûr ? On peut douter que, pour le public de l'époque (mis à part les jaloux mal intentionnés comme Scudéry), le Comte eût quoi que ce fût de ridicule. Il pêche par orgueil, mais il ne cesse pas d'être un héros. Et le langage que Corneille lui prête n'est pas en lui-même ridicule et dévalorisant. Si c'était le cas, il faudrait penser que Corneille se moque de Louis XIII, qui n'avait rien d'un grand guerrier, lorsqu'il fait dire à Alcandre :

Même notre grand Roi, ce foudre de la guerre,
Dont le nom se fait craindre aux deux bouts de la terre...

                                                   (V, 6, v. 1793-1794)

---

1. De là le choix du nom de Matamore : en espagnol, *matamoros* (« tueur de Mores ») était le surnom très sérieux du héros national, saint Jacques de Compostelle (Santiago Matamoros).

Louis XIII dans le même sac que Matamore ? il faut croire alors qu'il oubliait facilement les injures, lui qui un an plus tard devait anoblir Corneille...

À lexique égal, et à choix égal de sonorités ronflantes, qu'est-ce qui distingue donc Matamore du héros de tragédie ou de tragi-comédie ? En premier lieu, la *référence*. Matamore, à l'héroïsme imaginaire, prononce un discours sans référence : ses seules références à ce qui l'entoure — les menaces qu'il profère contre tel ou tel — se retournent contre lui et viennent démentir cet héroïsme de paroles ; le discours héroïque, au contraire — et cela vaut même, dans *Le Cid*, pour le Comte qui est effectivement un grand soldat —, suppose des actes héroïques, présents ou passés ; si grandiloquents soient-ils, les mots laissent transparaître les actes, autorisent par là l'identification du spectateur au personnage, et font croire à l'héroïsme. Cette absence de référence chez Matamore (qu'on retrouve aussi sur le plan de l'amour) est donc créatrice d'un décalage entre le discours et l'émetteur du discours, ce qui est au fondement même du *burlesque* ; à quoi s'ajoute, à la scène, l'apparence même de Matamore, ou trop gros, ou trop maigre, ou habillé de façon délirante, sans oublier le ridicule du jeu de l'acteur qui le représente.

Matamore se caractérise en second lieu par l'organisation rhétorique du discours. Changement de registre à des moments clés (passage de la guerre à l'amour) ; réponses aux dures sollicitations du réel ou aux questions des autres en forme de récits mythologiques ; procédés oratoires plus classiques comme les jeux d'antithèse et surtout les accumulations : chaque spectateur, chaque lecteur de *L'Illusion* garde en mémoire l'extraordinaire énumération des parties de la maison d'Isabelle que l'épée de Matamore risquerait d'embraser (III, 4 ; ici encore, effet de décalage entre la cause et l'effet annoncé).

Cette création de Corneille est-elle originale, comme il s'en targue dans son Examen ? Aucune des caractéristiques que nous venons de signaler n'est nouvelle — sauf, peut-être, l'énumération. Ce qui est nouveau, c'est d'une part la conjonction de toutes ces caractéristiques sur le même personnage, d'autre part le contraste entre la longueur du discours qui lui est prêté et son absence de toute fonction dans l'action. Cet aspect est beaucoup moins sensible chez les autres capitans de l'époque, qui sont, comme tous les personnages ridicules, marginalisés par rapport aux amours des jeunes premiers. Pour un peu, dans *L'Illusion comique*, on dirait que durant les actes II et III ce sont les amours des jeunes premiers qui sont marginales par rapport à la présence de Matamore.

Rappelons que Corneille n'a pas achevé son travail d'écrivain en 1639, au moment de la publication de *L'Illusion comique*. L'usage voulait à l'époque qu'un écrivain continuât à améliorer son texte au fil des rééditions, ce qui est devenu une pratique tout à fait exceptionnelle de nos jours. En 1644, pour la première édition collective de ses œuvres, Corneille n'a apporté de petites retouches qu'à trente-cinq vers, ce qui est plus un toilettage qu'un effort d'amélioration. Mais pour la grande édition de 1660, qu'il a préparée durant les longues années de sa première retraite (voir Biographie), il a réellement retravaillé le texte — comme il a retravaillé le texte du *Cid*, du *Menteur*, et de ses premières comédies. Le résultat pour *L'Illusion comique* a été, outre le raccourcissement du titre (*L'Illusion*), la modification de cent soixante-huit vers et la suppression pure et simple de deux cent vingt et un vers dans les deux derniers actes. Il est bien certain que ces transformations n'ont pas été dictées seulement par des préoccupations stylistiques. La suppression de la scène où intervenait la princesse Rosine a d'autres raisons : élimination d'un personnage qui ne figurait pas dans les actes précédents et qui présente un comportement trop immoral pour le public de 1660, rééquilibrage des actes (l'acte V est extrêmement long dans la première édition), renforcement de la cohérence générale (ce n'est plus Rosine, mais le personnage joué par Isabelle qui meurt sur le corps du héros, rappelant ainsi le souhait d'Isabelle de rejoindre Clindor dans la mort).

Pour les passages qui ont été simplement modifiés, il est clair que le souci de « moraliser » certaines déclarations a joué un rôle de premier plan. On pourra s'en faire une idée en comparant les vers 792-801 de l'édition originale aux vers correspondant dans l'édition de 1660 :

Un rien s'ajuste mal avec un autre rien ;
Et malgré les douceurs que l'amour y déploie,
Deux malheureux ensemble ont toujours courte joie.
Ainsi j'aspire ailleurs pour vaincre mon malheur ;
Mais je ne puis te voir sans un peu de douleur,
Sans qu'un soupir échappe à ce cœur qui murmure
De ce qu'à mes désirs ma raison fait d'injure.
À tes moindres coups d'œil je me laisse charmer.
Ah ! que je t'aimerais, s'il ne fallait qu'aimer ;
Et que tu me plairais, s'il ne fallait que plaire.

Réception

La destinée de *L'Illusion comique* est particulièrement étrange si on la compare à celle des quatre pièces les plus célèbres de Corneille, qui n'ont guère subi d'éclipse. Mais il faut savoir que sur ce plan elle ne constitue pas une originalité : oubliée pendant deux siècles, timidement redécouverte ensuite, et appréciée aujourd'hui, elle partage ce devenir avec nombre d'autres œuvres de la première moitié du XVIIe siècle.

Plusieurs indices témoignent du succès de *L'Illusion* au XVIIe siècle. Au moment même de sa création, tout d'abord. Corneille a, en effet, attendu trois ans avant de publier sa pièce, en laissant ainsi l'exclusivité aux comédiens du Marais. À cette époque, lorsqu'une pièce tombait rapidement, l'auteur ne tardait guère à la faire imprimer avant qu'elle ne soit complètement oubliée, espérant ainsi qu'une autre troupe, parisienne ou ambulante, pourrait la reprendre. Le fait d'avoir attendu si longtemps montre que le théâtre du Marais y tenait. D'autre part, Corneille déclare en 1660 qu'elle a surmonté l'injure des temps et qu'elle paraît encore sur les théâtres vingt-cinq ans après sa création. Cet indice est encore plus révélateur si l'on sait que l'esthétique dramatique a évolué extrêmement rapidement entre 1630 et 1660, et que la presque totalité des œuvres antérieures à 1640 n'ont jamais été reprises par les comédiens de la deuxième moitié du siècle.

Le goût classique étroit de la fin du XVIIᵉ et du XVIIIᵉ siècle a rejeté dans l'oubli tout ce qui n'était pas conforme aux normes, et *L'Illusion comique* a disparu du répertoire et même des lectures. Sa redécouverte a été l'œuvre des romantiques, et il faudrait lire en entier le compte rendu ébloui de Théophile Gautier lors de la reprise de l'œuvre à la Comédie Française, pour le deux cent cinquantième anniversaire de la naissance de Corneille (*Le Moniteur universel* du 10 juin 1861). Seulement, comme Gautier le déplorait, il ne s'agissait que d'une *Illusion comique* tronquée : l'acte IV avait été supprimé, et les scènes de tragédie du cinquième acte remplacées par trois scènes empruntées à *Don Sanche d'Aragon*. Le succès fut seulement honorable, et la pièce ne connut que cinq reprises durant la même année. La même version fut encore donnée sur la scène de la Comédie Française en 1862, 1869 et 1906, tandis qu'Antoine présentait enfin l'œuvre sous sa forme complète à l'Odéon en 1895, mais dans une mise en scène jugée par certains trop réaliste.

Nouvelle éclipse, mais de quelques décennies cette fois et qui préparait la réhabilitation définitive. Celle-ci vint avec la mise en scène de Louis Jouvet à la Comédie Française en février 1637 (à l'occasion du tricentenaire du *Cid*). Magie, mystère et apologie du théâtre, la mise en scène faisait honneur à Corneille, si ce n'est au cinquième acte d'où tout effet d'illusion était absent : Alcandre et Pridamant étaient installés dans les loges d'un petit théâtre, Clindor se faisait ostensiblement applaudir par son père, bref le « trait d'art » dont Corneille était si fier était perdu.

Depuis 1965 les mises en scènes de *L'Illusion comique* se sont multipliées — en même temps que la pièce acquérait une importance de premier plan dans les programmes universitaires. Citons celles de Georges Wilson pour le T.N.P., en 1965 à Avignon et en 1970 à Chaillot (dans celle-ci, il commettait la même erreur que Jouvet pour la tragédie du Ve acte), la réalisation de Robert Maurice pour la télévision en avril 1970, les mises en scène de centres dramatiques régionaux comme la Comédie de Saint-Étienne, le Théâtre des Deux Rives de Rouen. Enfin, en 1984, à l'occasion d'un cycle consacré aux thèmes de l'illusion et le pouvoir, qui coïncidait avec le tricentenaire de la mort de Corneille, Giorgio Strehler montait à l'Odéon, dans le cadre du Théâtre de l'Europe, une mise en scène retentissante du chef-d'œuvre de Corneille. *L'Illusion comique* succédait, dans le cadre du cycle sur l'illusion et le pouvoir, à *La Tempête* de Shakespeare, où un démiurge-dramaturge tient aussi un rôle de premier plan : c'était restituer à l'œuvre toute sa dimension et toute sa signification. En outre, quoique reprenant le titre de 1660, *L'Illusion*, G. Strehler prenait acte de la nouvelle approche universitaire de l'œuvre de Corneille et utilisait le texte de la première édition : c'était retrouver « la pièce telle qu'elle a jailli du cerveau rayonnant de Corneille, fou d'enthousiasme, de jeunesse et de poésie », comme l'écrivait il y a un peu plus d'un siècle Théophile Gautier.

Depuis cette date, *L'Illusion comique* est devenue l'une des pièces de Corneille les plus souvent représentées. On ne dénombre pas moins d'une douzaine de mises en scène en vingt ans : Jean-Claude Bastos à Montauban en 1986, Pierre Debauche à Chambord en 1989, Éric Vigner au Centre dramatique de Bretagne de Lorient en 1996, Jean-Marie Villégier à l'Athénée Théâtre Louis-Jouvet en 1997, Catherine Schaub au Théâtre Hébertot en 2000, Paul Golub au Théâtre Firmin-Gémier d'Antony en 2004, Fred Egginton au Centre Adalhard de Corbie en 2004, Brigitte Jaques au Théâtre de Sartrouville–CND en 2004, Frédéric Fisbach au Gymnase Vincent de Paul d'Avignon en 2004, Anthony Magnier au Festival off d'Avignon en 2004 et

2007, Alain Bézu au Théâtre des Deux Rives de Rouen en 2006, et Marion Bierry au Théâtre de Poche Montparnasse en 2006 puis au Théâtre Hébertot en 2007.

REPÈRES BIOGRAPHIQUES [1]

1606. — Pierre Corneille naît le 6 juin à Rouen. Parmi les cinq frères et sœurs qui suivront, mentionnons Thomas (1625-1709), un des plus fameux dramaturges de la deuxième moitié du XVIIᵉ siècle.

1615-1622. — Études au collège des Jésuites de Rouen. S'éprend de Catherine Hue, pour laquelle il écrit ses premiers vers : « Charmé de deux beaux yeux, mon vers charma la Cour, / Et ce que j'ai de nom, je le dois à l'amour » (*Excuse à Ariste*, v. 63-64).

[1622. — Naissance de Molière]

1624. — Licence en droit ; devient avocat stagiaire au parlement de Rouen.

1628. — Son père lui achète deux charges d'avocat du Roi : au siège des Eaux et Forêts, et à l'amirauté de France (entrée en fonction en février 1629). Ces charges, modestes, sont d'administration et non de plaidoirie.

1629-1630. — *Mélite*, première comédie : « Le succès en fut surprenant. Il établit une nouvelle troupe de comédiens à Paris » (Examen de *Mélite*). Cette troupe, dirigée par Montdory et Le Noir, ira de jeu de paume en jeu de paume avant de s'installer définitivement (en 1634) dans ce qui sera connu sous le nom de théâtre du Marais. Jusqu'en 1647, date à laquelle Flo-

---

1. Lorsque nous groupons deux années qui se suivent (ex. 1629-1630), nous désignons la saison théâtrale qui va de l'automne au printemps suivant. On ne peut dater qu'approximativement les créations d'œuvres théâtrales à cette époque.

ridor (successeur de Montdory) passe au théâtre de l'Hôtel de Bourgogne, Corneille donne toutes ses pièces au Marais.

1630-1631. — *Clitandre*, tragi-comédie.

1631 à 1634. — Quatre comédies se succèdent : *La Veuve, La Galerie du Palais, La Suivante, La Place royale*.

1634-1635. — *Médée*, première tragédie.

1635. — Sous le patronage de Richelieu, cinq auteurs, dont Corneille, écrivent *La Comédie des Tuileries*. [Fondation officielle de l'Académie Française.]

1635-1636. — *L'Illusion comique* (date exacte indéterminée) ; publiée seulement en 1639.

1637. — *Début janvier : Le Cid* (tragi-comédie et non tragédie : différence essentielle pour en comprendre la portée). Succès triomphal. Publication exceptionnellement rapide (fin mars). *Jusqu'en décembre* : « querelle du *Cid* ».
Lettres de noblesse accordées au père de Corneille (fin janvier) : manière de donner un quartier de noblesse au fils.
Nouvelle pièce dite des Cinq Auteurs, sous le patronage de Richelieu : *L'Aveugle de Smyrne*, tragi-comédie ; Corneille ne paraît pas y avoir participé, mais on l'a laissé croire.

[1638. — Naissance du dauphin, le futur Louis XIV]

1639. — Mort de son père ; Corneille devient tuteur de ses frères et sœurs encore mineurs.
[Naissance de Racine]

1640. — Après deux ans de silence, consécutif à la querelle du *Cid*, Corneille donne *Horace*, sa première tragédie romaine (début mai).

1641. — Mariage avec Marie de Lampérière, fille du lieutenant général des Andelys ; six enfants naîtront de leur union.

1642. — *Cinna*, tragédie (avant la fin du printemps probablement).

1642-1643. — *Polyeucte martyr*, tragédie chrétienne.

[Décembre 1642 : mort de Richelieu ; mai 1643 : mort de Louis XIII]

1643-1644. — *La Mort de Pompée*, tragédie, et *Le Menteur*, comédie.

1644-1645. — *La Suite du Menteur*, comédie, et *Rodogune, princesse des Parthes*, tragédie (la pièce préférée de Corneille).

1645-1646. — *Théodore, vierge et martyre*, tragédie chrétienne : échec.

1646-1647. — *Héraclius*, tragédie (l'une des pièces préférées de Corneille).

1647. — À sa troisième tentative (1644 et 1646), Corneille est reçu à l'Académie Française.

1649-1650. — *Don Sanche d'Aragon*, « comédie héroïque » : « le refus d'un illustre suffrage » (Condé ?) fait tomber la pièce. On est en pleine Fronde.
Andromède, tragédie à machines, commandée dès 1647 par Mazarin, est jouée avec grand éclat dans la salle du Petit-Bourbon (aménagée spécialement pour recevoir les machines). L'œuvre restera un modèle du genre.

1650. — Le procureur général des États de Normandie, favorable à la Fronde, est destitué. Corneille est nommé à sa place ; il doit vendre pour cela ses charges d'avocat. Un an plus tard, à la faveur de la paix générale, le titulaire reprend sa place : Corneille se retrouve sans fonctions officielles.

1651. — *Nicomède*, tragédie.

1651-1652. — *Pertharite*, tragédie : son échec (et l'effondrement de l'ensemble de la production tragique) pousse Corneille à renoncer au théâtre.

1652-1658. — Première « retraite » : il se consacre à la traduction en vers français de *L'Imitation de Jésus Christ*, puis prépare la grande édition de son *Théâtre*, qui paraîtra en 1660.
[fin 1656. — *Timocrate*, tragédie (romanesque) de son frère Thomas : le plus grand succès théâtral du XVIIe siècle.]

1659. — Création en janvier d'*Œdipe*, dont le sujet avait été proposé par Fouquet l'année précédente. Le succès relance Corneille pour quinze ans.

1660. — Parution en trois volumes du *Théâtre de Corneille revu et corrigé par l'auteur*. Chacun des volumes est précédé d'un *Discours sur le poème dramatique*, et chacune des pièces fait l'objet d'un *Examen*.

1661. — *La Toison d'or*, deuxième tragédie à machines de Corneille. À spectacle exceptionnel, succès exceptionnel : la pièce tient plus d'un an.

1662. — 25 février, première de *Sertorius*, tragédie. Beaucoup de succès : « Où donc Corneille a-t-il appris l'art de la guerre ? » (mot attribué à Turenne). La pièce a été montée par la troupe du Marais, qui a perdu beaucoup de son prestige depuis le départ de Floridor et de Corneille (1647).
Événement considérable dans la vie paisible des frères Corneille : ils quittent Rouen, à l'invitation du duc de Guise, et s'installent dans un logement attenant à l'Hôtel de Guise.

1663. — Mi-janvier : création à l'Hôtel de Bourgogne de *Sophonisbe*, tragédie. « Querelle de Sophonisbe », déclenchée par le plus fameux critique dramatique du temps, l'abbé d'Aubignac : Corneille intervient à peine, laissant « combattre » la cohorte de ses admirateurs.
La « querelle de *L'École des femmes* » vient se superposer à celle-ci. Molière, qui connaissait les réticences des frères Corneille à son égard, égratigne Pierre Corneille dans *L'Impromptu de Versailles*.
Consécration éditoriale : publication de son *Théâtre* en deux volumes *in-folio* ; aucun autre écrivain du xviie siècle ne sera édité dans ce format de son vivant.
Avec d'autres écrivains (dont Molière), il est inscrit sur la liste des gratifications royales (pension annuelle).

1664. — *Othon*, tragédie : créée en août à Versailles et reprise en novembre à l'Hôtel de Bourgogne. « Si mes amis ne me trompent, cette pièce égale ou passe les meilleures des miennes ».

1666. — Échec d'*Agésilas*, tragédie galante, donnée à l'Hôtel de Bourgogne.

1667. — Succès à peine honorable d'*Attila*, tragédie, montée par la troupe de Molière, qui jouissait d'une mauvaise réputation pour les œuvres tragiques.
Création triomphale d'*Andromaque* de Racine (novembre).

1670. — *28 novembre* : première de *Tite et Bérénice*, « comédie héroïque », montée par Molière. La *Bérénice* de Racine, créée une semaine plus tôt par l'Hôtel de Bourgogne, prend rapidement le dessus.
Il met en vers *Psyché*, tragédie en musique de Molière qui, pris de court, n'avait pu versifier que le premier acte.

1672. — *Novembre* : succès honorable de *Pulchérie*, « comédie héroïque », que seul le théâtre du Marais, qui périclitait, avait accepté de monter.
[1673. — Janvier : réception de Racine à l'Académie Française ; février : mort de Molière.]

1674. — *Novembre ou décembre* : création à l'Hôtel de Bourgogne de *Suréna*, dernière tragédie de Corneille. Le succès fut seulement honorable, et le triomphe de l'*Iphigénie* de Racine quelques semaines plus tard, sur la même scène, le fit rapidement oublier.

1677. — Sa retraite et le succès de Racine n'empêchent pas ses principales tragédies d'être reprises les unes après les autres.

1682. — Dernière édition revue de son *Théâtre*. Il assiste à une reprise triomphale d'*Andromède*. Sa pension qui avait été inexpliquablement suspendue sept ans plus tôt est rétablie.

1684. — Il meurt à Paris le 1er octobre (dans l'aisance, contrairement à la légende).

1685. — *Janvier* : Racine reçoit Thomas Corneille au fauteuil de son frère à l'Académie française ; son éloge du Grand Corneille est d'une hauteur et d'une clairvoyance remarquables.

BIBLIOGRAPHIE

Éditions

Actuellement, l'édition de référence est celle des *Œuvres complètes*, publiée par Georges Couton, Bibliothèque de la Pléiade, Paris, Gallimard, 1980, 1984 et 1987 (3 tomes, *L'Illusion comique* figurant dans le tome I).

Pour une étude approfondie de *L'Illusion comique*, on se reportera à l'édition critique procurée par Robert Garapon, Paris, Société des textes français modernes (S.T.F.M.), 1957 (constamment rééditée).

Introduction à Corneille et ouvrages sur ses comédies

Corneille comique. Nine Studies of Pierre Corneille's comedy, with an Introduction and a Bibliography, éd. M. R. Margitic, Paris-Seattle-Tübingen, PFSCL/Biblio 17, 1982.

CONESA, Gabriel, *Pierre Corneille et la naissance du genre comique (1629-1636)*, Paris, SEDES, 1989.

COUTON, Georges, *Corneille*, Paris, Hatier, 1958.

DORT, Bernard, *Pierre Corneille dramaturge*, Paris, L'Arche, 1957.

DOUBROVSKY, Serge, *Corneille et la dialectique du héros*, Paris, Gallimard, 1963 ; rééd. coll. « Tel », 1982.

FORESTIER, Georges, *Essai de génétique théâtrale. Corneille à l'œuvre*, Paris, Klincksieck, 1996 ; rééd. Genève, Droz, coll. « Titre courant », 2004.

GARAPON, Robert, *Le Premier Corneille. De Mélite à L'Illusion comique*, Paris, SEDES, 1982.

KERR, Cynthia B., *L'Amour, l'amitié et la fourberie. Une étude des premières comédies de Corneille*, Saratoga, ANMA LIBRI, 1980.

« Les Comédies de Corneille », dir. Alain NIDERST. Actes du colloque de Rouen (11 janvier 1997), *Papers on French Seventeenth-Century Literature*, XXV, 1998, p. 107-239.

MALLINSON, G. Jonathan, *The Comedies of Corneille. Experiments in the comic*, Manchester (GB)-Dover (USA), Manchester University Press, 1984.

NADAL, Octave, *Le Sentiment de l'amour dans l'œuvre de Pierre Corneille*, Paris, Gallimard, 1948.

NIDERST, Alain, *Pierre Corneille*, Paris, Fayard, 2006.

« *Présences de Corneille* », dir. Charles MAZOUER, *Œuvres et critiques*, XXX, 2, Narr Francke Attempto, Tübingen, 2005.

RIVAILLE, Louis, *Les Débuts de Pierre Corneille*, Paris, Boivin, 1936.

STEGMANN, André, *L'Héroïsme cornélien. Genèse et signification*, Paris, Armand Colin, 1968 (2 vol.).

VERHOEFF, Han, *Les Comédies de Corneille, une psycholecture*, Paris, Klincksieck, 1979.

VIALLETON, Jean-Yves, *Lectures du jeune Corneille, L'Illusion comique et Le Cid*, Rennes, Presses universitaires de Rennes, 2001.

Sur le théâtre du XVIIe siècle, la comédie et le contexte littéraire

ADAM, Antoine, *Histoire de la littérature française au XVIIe siècle*, Paris, Domat, 1948-1956 (5 vol.) ; rééd. Paris, Albin-Michel, 1996.

ATTINGER, Gustave, *L'Esprit de la Commedia dell'Arte dans le théâtre français*, Neuchâtel, La Baconnière, 1950, rééd. Slatkine Reprints, 1969.

BÉNICHOU, Paul, *Morales du Grand Siècle*, Paris, Gallimard, 1942.

BERTRAND, Dominique, *Dire le rire à l'âge classique*, Presses de l'Université de Provence, 1995.

CANOVA, Marie-Claude, *La Comédie*, Paris, Hachette, 1993.

CHAOUCHE, Sabine, *L'Art du comédien. Déclamation et jeu scénique en France à l'âge classique (1629-1680)*, Paris, Champion, 2001.

CHÉDOZEAU, Bernard, *Le Baroque*, Paris, Nathan, 1989.

CONESA, Gabriel, *La Comédie de l'âge classique, 1630-1715*, Paris, Seuil, 1995.

CORVIN, Michel, *Lire la comédie*, Paris, Dunod, 1994.

COURTÈS, Noémie, *L'Écriture de l'enchantement. Magie et magiciens dans la littérature française du XVIIᵉ siècle*, Paris, Champion, 2004.

DEIERKAUF-HOLSBOER, Sophie Wilma, *Histoire de la mise en scène dans le théâtre français à Paris de 1600 à 1673*, Paris, Nizet, 1960.

—, *Le Théâtre du Marais*, Paris, Nizet, 1954-58 (2 vol.).

« Esthétique de la comédie », dir. Gabriel CONESA, *Littératures classiques*, 27, 1996.

ÉMELINA, Jean, *Les Valets et les servantes dans le théâtre comique en France de 1610 à 1700*, Presses Universitaires de Grenoble, 1975.

FORESTIER, Georges, *Esthétique de l'identité dans le théâtre français (1550-1680). Le déguisement et ses avatars*, Genève, Droz, 1988.

GARAPON, Robert, *La Fantaisie verbale et le comique dans le théâtre français du Moyen Âge à la fin du XVIIᵉ siècle*, Paris, Armand Colin, 1957.

GUICHEMERRE, Roger, *La Comédie classique en France*, Paris, PUF, coll. « Que sais-je », 1978.

GUTIERREZ-LAFFOND, Aurore, *Théâtre et magie dans la littérature dramatique du XVIIᵉ siècle en France*, Villeneuve d'Ascq, Presses universitaires du Septentrion, 2000.

HOWE, Alan, *Le Théâtre professionnel à Paris, 1600-1649*, Paris, Centre historique des Archives nationales, 2000.

—, *Écrivains de théâtre, 1600-1649*, Paris, Centre historique des Archives nationales, 2005.

LANCASTER, Henry Carrington, *A History of French Dramatic Literature in the XVIIᵗʰ Century,* Baltimore, the Johns Hopkins Press ; Paris, PUF, 1929-1942 (5 parties en 9 volumes).

MAZOUER, Charles, *Le Théâtre français de l'âge classique*, Paris, Champion, 2006.

MESNARD, Jean (sous la direction de), *Précis de littérature française du [XVIIᵉ siècle,]* Paris, PUF, 1990.

MONGRÉDIEN, Georges, *Les Comédiens français au XVIIᵉ siècle. Dictionnaire biographique*, Paris, CNRS, 1961 (supplément, 1971).

MOREL, Jacques, *De Montaigne à Corneille*, Paris, Arthaud, 1986 ; rééd. Flammarion, 1998.

PASQUIER, Pierre, *La* Mimèsis *dans l'esthétique théâtrale*, Paris, Klincksieck, 1995.

ROHOU, Jean, *Histoire de la littérature française au XVIIe siècle*, Nathan, 1989.

ROUSSET, Jean, *La Littérature de l'âge baroque en France. Circé et le paon*, Paris, Corti, 1954.

SCHERER, Colette, *Comédie et société sous Louis XIII*, Paris, Nizet, 1983.

SCHERER, Jacques, *La Dramaturgie classique en France*, Paris, Nizet, s.d. (1950).

STERNBERG, Véronique, *Poétique de la comédie*, Paris, SEDES, 1999.

VOLTZ, Pierre, *La Comédie*, Paris, Armand Colin, 1964.

VUILLERMOZ, Marc, *Dictionnaire analytique des œuvres théâtrales françaises du XVIIe siècle*, Paris, Champion, 1998.

ZUBER, Roger [dir.], *Littérature française du XVIIe siècle*, PUF, 1992.

Sur le vocabulaire, la langue et le discours

DICTIONNAIRES

ACADÉMIE FRANÇAISE, *Dictionnaire*, J.-B. Coignard, 1694 (2 vol.).

FURETIÈRE, Antoine, *Dictionnaire universel contenant généralement tous les mots françois tant vieux que modernes et les termes de toutes les sciences et les arts*, La Haye et Rotterdam, Arnout et Reinier Leers ; rééd. SNL-Le Robert, 1978 (3 vol.).

HUGUET, E., *Dictionnaire de la langue française du XVIIe siècle*, Champion (puis Didier), 1925-1967 (7 vol.).

RICHELET, P., *Dictionnaire françois contenant les mots et les choses, plusieurs nouvelles remarques sur la langue françoise.... avec les termes les plus connus des arts et des sciences*, Genève, J.-H. Widerhold, 1680 (2 vol.).

RHÉTORIQUE, GRAMMAIRE ET PONCTUATION

CATACH, Nina, *La Ponctuation*, PUF, 1994.

CAYROU, Gaston, *Le Français classique. Lexique de la langue du XVIIᵉ siècle*, Didier, 1923.

DRILLON, Jacques, *Traité de la ponctuation*, Gallimard, 1991.

FORESTIER, Georges, *Introduction à l'analyse des textes classiques. Éléments de rhétorique et de poétique du XVIIᵉ siècle*, Paris, Nathan, 1993.

FOURNIER, Nathalie, *Grammaire du français classique*, Belin, 1998

HAASE, A. et OBERT, M., *Syntaxe française du XVIIᵉ siècle*, Paris, Delagrave,1975.

MOLINIÉ, Georges, *Dictionnaire de rhétorique*, Le Livre de Poche, 1992.

SANCIER-CHÂTEAU, Anne, *Introduction à la langue française du XVIIᵉ siècle*, Nathan, 1993, (2 vol.).

SPILLEBOUT, Gabriel, *Grammaire de la langue française du XVIIᵉ siècle*, Picard, 1985.

Sur l'écriture et la signification de L'Illusion comique

OUVRAGES

NELSON, Robert J., *Play within a play. The Dramatist's Conception of his Art : Shakespeare to Anouilh*, New Haven, Yale University Press, Paris, PUF, 1958.

FORESTIER, Georges, *Le Théâtre dans le théâtre sur la scène française du XVIIᵉ siècle*, Genève, Droz, 1981 ; rééd., coll. « Titre courant », 1996.

NUMÉRO DE REVUE

« L'Illusion au *XVIIᵉ siècle* », dir. Patrick DANDREY et Georges FORESTIER, *Littératures classiques*, 44, hiver 2002.

ARTICLES

ALBANESE, Ralph Jr., « Modes de théâtralité dans *L'Illusion comique* », *Papers on French Seventeenth Century Literature*, IX, 17, 1982, p. 129-149.

ALCOVER, Madeleine, « Les lieux et les temps dans *L'Illusion comique* », *French Studies*, 1976, n° 4, p. 393-404.

ALLENTUCH, Harriet Ray, « Reading *L'Illusion comique* psychologically », *Romanic Review*, january 1987, p. 43-56.

ASSAF, Francis, « *L'Illusion comique*, le voir et le savoir », *Seventeenth-Century French Studies*, XXVIII, 2006, p. 49-64.

BARNWELL, Harry T., « *L'Illusion comique*. A dramatic anticipation of Corneille's critical analyses of art », *Theatre Research International*, VIII, 1983, p. 110-130.

BLANC, André, « A propos de *L'Illusion comique* ou sur quelques hauts secrets de Pierre Corneille, *Revue d'histoire du théâtre* », 1984, n° 2, p. 207-217.

COSNIER, Colette, « Un étrange monstre : *L'Illusion comique* », *Europe*, avril-mai 1974, p. 103-113.

CUCHE, François-Xavier, « Les trois illusions de *L'Illusion comique* », *Travaux de linguistique et de littérature*, IX, n° 2, 1971, p. 65-84.

FUMAROLI, Marc, « Microcosme comique et macrocosme solaire », *Revue des sciences humaines*, t. XXXVII, n° 145, 1972, p. 95-114.

—, « Rhétorique et dramaturgie dans *L'Illusion comique* de Corneille », *XVII*ᵉ *Siècle*, n° 80-81, 1968, p. 107-132.

HEMAIDI, Hamdi, « Écriture/charme dans *L'Illusion comique* », dans *Actes du colloque Corneille à Tunis*, Paris-Seattle-Tübingen, PFSCL/Biblio 17, 1986, p. 141-162.

JACQUOT, Jean, « Le "théâtre du monde" de Shakespeare à Calderón », *Revue de littérature comparée*, t. XXXVI, 1957, n° 3, p. 341-372.

KATAGI, Tomotoshi, « *L'Illusion comique* de Corneille et les problèmes de la représentation », *L'Information littéraire*, mai-juin 1989, p. 3-9.

KERR, Cynthia B., « Rencontre autour d'une illusion : Pierre Corneille et Giorgio Strehler », *Travaux de littérature*, I, 1988, p. 61-79.

LEBÈGUE, Raymond, « Cet étrange monstre que Corneille a donné au théâtre », dans *Études sur le théâtre français*, t. II, Paris, Nizet, 1978, p. 7-24.

MERLIN-KAJMAN Hélène, « La "scène publique" dans *L'Illusion comique* et dans *Le Cid*. Fanfaronnades et bravades », *Littératures*, 45, automne 2001, p. 49-68.

NADAL, Octave, « L'Illusion comique », *BREF*, t. 93, février 1966, p. 2-9.

NEUSCHÄFER, Anne, « *L'Illusion comique* (1636) de Corneille. Un bilan ou un nouveau départ ? », dans *Le Comique corporel*.

Mouvement et comique dans l'espace théâtral du XVIIᵉ siècle, Tübingen, Biblio 17, 2006.

PRASSOLOFF, Annie, « L'écriture et l'écrivain dans *L'Illusion comique* », *Textuel*, 17, 1985, p. 19-25.

RUBIN, David L., « The hierarchy of illusions and the structure of *L'Illusion comique* », dans *La Cohérence intérieure*... Mélanges Judd D. Hubert, Paris, Jean-Michel Place, 1977, p. 75-93.

SCHERER, Colette, « La tragédie du 5ᵉ acte de *L'Illusion comique* », dans *Dramaturgies, langages dramatiques*, Mélanges Jacques Scherer, Paris, Nizet, 1986, p. 369-373.

SERROY Jean, « De quelques Fierabras cornéliens », dans *Héros légendaires sur les scènes européennes du théâtre et de l'opera*, Paris, Klincksieck, 2000.

SOARE Antoine, « Sur un passage mal éclairé de *L'Illusion comique*. Les Métiers de Clindor dans le récit d'Alcandre », dans *Les Arts du spectacle au théâtre (1550-1700)*, Paris, Champion, 2001, p. 109-141.

TRETHEWEY, John, « Structures of *L'Illusion comique* », *Seventeenth Century French Studies*, 11, 1989, p. 46-61.

VAN DER SCHUEREN, Eric, « "Quelque autre manière plus artificieuse". *L'Illusion comique* de Corneille ou les voies d'un plaisir naturel », *Littératures*, 45, automne 2001, p. 69-94.

VUILLEMIN, Jean-Claude, « *Illusion comique* et dramaturgie baroque. Corneille, Rotrou et quelques autres », *Papers on French Seventeenth-Century Literature*, XXVIII, 55, 2001, p. 307-325.

WHITAKER, Marie-Joséphine, « *L'Illusion comique* ou l'école des pères », *Revue d'histoire littéraire de la France*, 1985, nᵒ 5, p. 785-798.

LEXIQUE

Amant : qui aime et qui est aimé (par opposition à amoureux). Cependant, on trouve aussi le sens minimal : celui qui aime (v. 402, 814, 1251).

Amoureux : qui aime sans être aimé (pour la différence avec amant, voir la liste des personnages).

Change (et **changer**) : modification des sentiments ; souvent voisin d'inconstance.

Charme : pouvoirs magiques (v. 121, 211, 214, 986, 1751). En matière d'amour : attraits envoûtants (v. 288, 306, 713, 1549) ; de même pour le verbe **charmer**, proche d'envoûter.

Cœur : siège de l'amour (vocabulaire amoureux) ; courage (vocabulaire de l'héroïsme).

Content : satisfait (rendre content : satisfaire).

En effet : en réalité.

Feu(x) : amour ardent.

Flamme(s) : ardeur(s) amoureuse(s).

Foi : fidélité ; parole donnée.

Généreux (et **générosité**) : rempli de nobles sentiments (de là les sens de courageux et de magnanime, selon les contextes). La générosité est aussi l'élan qu'inspirent les hauts sentiments.

Honneur : distinction qui honore (v. 123, 613, 635, 636) ; estime accordée à la vertu ou au courage (v. 164, 394, 1506) ; volonté de conserver la considération des autres et de soi-même (v. 560, 1382, 1383).

Maîtresse : celle qui est aimée ; mais aussi, celle qui a été demandée en mariage.

Service (et servir) : soins rendus à la femme aimée.
Soin : souci.
Valeur : valeur militaire, courage.
Vertu : (au singulier) force morale, grandeur d'âme

LES ÉDITIONS DE *L'ILLUSION COMIQUE*
ET LEURS VARIANTES

L'édition originale de L'Illusion comique *a été publiée en mars 1639 (achevé d'imprimer le 16 mars). C'est ce texte que nous avons suivi dans la présente édition.*

Dans les années qui suivirent, Corneille a joint cette comédie à ses autres pièces pour publier les différents volumes de ses œuvres. Il en a profité pour corriger chacune de ses pièces, particulièrement L'Illusion comique, *qui s'est vu ainsi amputée de près de 140 vers, perdant même à partir de 1660 la moitié de son titre, devenu* L'Illusion.

*On lira ci-dessous toutes ces modifications et suppressions avec l'indication des dates auxquelles elles ont été opérées. Les transformations les plus importantes apparaissent en 1644 (*Œuvres de Corneille), *en 1660 surtout (*Le Théâtre de P. Corneille), *en 1663 et en 1682 (même titre).*

P. 19-20, l. 12-fin : Quelques-uns ont trouvé à redire au cinquième Acte, que Clindor et Isabelle étant devenus Comédiens, y représentent une Histoire qui a tant de rapport avec la leur, qu'on s'imagine que c'en est la suite, et ces Messieurs n'entendant pas assez la finesse du Théâtre, attribuent cette conformité à peu d'invention, quoiqu'elle ne soit qu'un coup d'adresse. Il fallait que le père de Clindor à qui le Magicien fait voir la vie de son fils fût conduit par cet artifice dans une véritable douleur, afin que après avoir reconnu la tromperie, sa surprise en fût plus grande, et son retour du déplaisir à la joie plus agréable. Vous trouverez bon que j'aie ici pris le temps d'en avertir ceux qui en ont besoin, et m'obligerez de croire que je serai toute ma vie, MADEMOISELLE, votre très-humble et très-fidèle serviteur. CORNEILLE. (*1644-1657*) *1660-1682 suppriment la dédicace.*

P. 21, l. 11-fin : PAGE du Capitan.

> CLINDOR représentant THÉAGÈNE Seigneur Anglais,
> ISABELLE représentant HYPPOLITE femme de Théagène.
> LISE représentant CLARINE suivante d'Hyppolite.
> ROSINE Princesse d'Angleterre femme de Florilame.
> ÉRASTE Écuyer de Florilame.
> TROUPE de Domestiques d'Adraste.
> TROUPE de Domestiques de Florilame. (*1644-1657*)

> PAGE du Capitan.
> CLINDOR, représentant THÉAGÈNE Seigneur Anglais.
> ISABELLE, représentant HYPPOLITE femme de Théagène.
> LYSE, représentant CLARINE, suivante d'Hyppolite.
> ÉRASTE, Écuyer de Florilame.
> TROUPE de Domestiques d'Adraste.
> TROUPE de Domestiques de Florilame. (*1660-1682*)

après la l. 15 : La Scène est en Touraine, en une campagne proche de la grotte du Magicien. (*1644-1682*)

Titre : L'ILLUSION COMÉDIE (*1660-1682*)

v. 1 : Ce Mage qui d'un mot renverse la Nature (*1660-1682*)
v. 15-16 : Malgré l'empressement d'un curieux désir,
> Il faut pour lui parler attendre son loisir. (*1660-1682*)

v. 18 : Où pour se divertir il sort de sa demeure. (*1660-1682*)
v. 27 : Je croyais le dompter à force de punir (*1660-1682*)
v. 39 : Pour trouver quelque borne à tant de maux soufferts (*1644-1682*)
v. 41-3 : J'ai vu les plus fameux en la haute science
> Dont vous dites qu'Alcandre a tant d'expérience ;
> On m'en faisait l'état que vous faites de lui (*1660-1682*)

v. 58 : Qu'il connaît l'avenir et les choses passées (*1644-1682*)
v. 64 : Des traits les plus cachés de toutes mes amours. (*1663-1682*)
v. 80 : Espérez mieux, il sort, et s'avance vers nous. (*1644-1682*)
v. 99-100 : Là son fils pareil d'âge et de condition
> S'unissant avec moi d'étroite affection... (*1660-1682*)

v. 117 : Je le tiendrai rendu si j'en ai des Nouvelles (*1682*)
v. 126 : Je vous veux faire voir sa fortune éclatante. (*1668-1682*)
v. 127 : Les Novices de l'art ont tous leurs encens (*1660-1682*)
v. 132 : Pour se faire valoir et pour vous faire peur. (*1644-1682*)
v. 139-40 : Et sa condition ne saurait consentir
> Que d'une telle pompe il s'ose revêtir. (*1660-1682*)

v. 144 : Qu'en public de la sorte il aime à se parer. (*1660-1682*)
avant le v. 157 : *l'indication « à Dorante » est supprimée dans 1663-1682.*
v. 160 : Il nous faut sans réplique accepter ses arrêts. (*1644-1682*)

v. 176 : Et fit danser un singe au faubourg Saint-Germain (*1644-1682*)

v. 224 : Et vous faut-il encor quelques nouveaux lauriers ? (*1660-1682*)

v. 230 : D'ailleurs, quand auriez-vous rassemblé votre armée ? (*1660-1682*)

v. 246 : Ce penser m'adoucit. Va, ma colère cesse (*1644-1682*)

v. 256 : Qu'il puisse constamment vous refuser son cœur. (*1644-1682*)

v. 281 : Et donnerait à Mars à gouverner sa foudre (*1682*)

v. 302 : Le jour jusqu'à midi se passa sans lumière. (*1644-1682*)

v. 303 : Où pouvait être alors la Reine des clartés ? (*1660-1682*)

v. 304-308 : Au milieu de ma chambre, à m'offrir ses beautés !
        Elle y perdit son temps, elle y perdit ses larmes,
        Mon cœur fut insensible à ses plus puissants charmes,
        Et tout ce qu'elle obtint par (pour *1682*) son frivole
                                [amour,
        Fut un ordre précis d'aller rendre le jour. (*1660-1682*)

v. 329 : J'ai détruit les pays pour punir leurs Monarques (*1660-1682*)

v. 340 : Lorsque j'ai ma beauté je n'ai point de valeur. (*1682*)

v. 360 : Que bien que vous m'aimiez, je ne vous aime point. (*1644-1682*)

v. 371-2 : Et ce que vous jugez digne du plus haut prix
        Ne mérite à mon gré que haine et que mépris. (*1660-1682*)

v. 373 : N'avoir que du mépris pour des flammes si saintes (*1660-1682*)

v. 376 : Ne me donna de cœur que pour vous adorer (*1644-1682*)

v. 377 : Mon âme vint au jour pleine de votre idée (*1660-1682*)

v. 379-81 : Et quand je me rendis à des regards si doux,
        Je ne vous donnai rien qui ne fût tout à vous,
        Rien que l'ordre du Ciel n'eût déjà fait tout vôtre.
        (*1660-1682*)

v. 382 : Le Ciel m'eût fait plaisir d'en enrichir une autre. (*1663-1682*)

v. 385-8 : Vous avez après tout bonne part à sa haine,
        Ou d'un crime secret il vous livre à la peine,
        Car je ne pense pas qu'il soit tourment égal
        Au supplice d'aimer qui vous traite si mal. (*1660-1682*)

v. 389-90 : La grandeur de mes maux vous étant si connue,
        Me refuserez-vous la pitié qui m'est due ? (*1660-1682*)

v. 392 : Que je vois ces tourments tout à fait superflus (*1660-1682*)

v. 413 : Du moins si ce grand bruit qui court de vos merveilles (*1660-1682*)

après le v. 432 : *1644-1682 suppriment l'indication du jeu de scène.*

v. 438 : Sans que jamais mon cœur les voulût pour maîtresses. (*1644-1682*)

v. 441 : Que vous leur refusiez un cœur dont je dispose ! (*1660-1682*)

v. 445 : Que te dit-on en Cour de cette jalousie (*1660-1682*)

v. 446 : Dont pour moi toutes deux eurent l'âme saisie ? (*1644-1682*)

après le v. 460 : SCÈNE 5. MATAMORE, ISABELLE, CLINDOR, PAGE. (*1644-1682*)

rubrique du v. 466 : *1663-1682 suppriment « à Isabelle ».*

avant le v. 477 : SCÈNE 6. (*1644-1682*)

v. 494 : Un coup d'œil vaut pour vous tout le discours des autres. (*1644-1668*)

Un coup d'œil vaut pour vous tous les discours des autres. (*1682*)

v. 501-2 : Ce pitoyable état de ma triste fortune
N'a rien qui vous déplaise ou qui vous importune (*1660-1682*)

v. 505 : C'est comme il faut choisir, un amour véritable (*1660-1682*)

v. 506 : S'attache seulement à ce qu'il voit aimable (*1663-1682*)

avant le v. 519 : SCÈNE 7. (*1644-1682*)

v. 523 : Sans avoir vu vos pas s'adresser en ce lieu (*1663-1682*)

v. 539 : Vous n'êtes point de taille à servir sans dessein (*1660-1682*)

v. 555 : Me prenez-vous pour homme à nuire à votre feu ? (*1660-1682*)

v. 556 : Sans réplique, de grâce, ou nous verrons beau jeu ! (*1660-1682*)

v. 561 : Et je pourrais bien rendre un jour ce qu'on me prête. (*1660-1682*)

avant le v. 565 : SCÈNE 8. (*1644-1682*)

v. 569-70 : Je sais ce que je suis et ce qu'est Isabelle,
Et crains peu qu'un valet me supplante auprès d'elle. (*1660-1682*)

v. 572 : Le plaisir qu'elle prend à causer avec lui. (*1660-1682*)

v. 579 : ADRASTE. — Lyse, que me dis-tu ?
LYSE. — Qu'il possède son cœur (*1644-1682*)

v. 590 : De notre Fierabras il s'est mis au service (*1663-1682*)

v. 591-3 : Et sous ombre d'agir pour ses folles amours,
Il a su pratiquer de si rusés détours,
Et charmer tellement cette pauvre abusée (*1660-1682*)

avant le v. 609 : SCÈNE 9. (*1644-1682*)

avant le v. 621 : SCÈNE 10. (*1644-1682*)

v. 629-34 : Je sais ce qu'il vous faut beaucoup mieux que vous-même.
Vous dédaignez Adraste à cause que je l'aime,
Et parce qu'il me plaît d'en faire votre époux,
Votre orgueil n'y voit rien qui soit digne de vous.

                Quoi, manque-t-il de bien, de cœur ou de noblesse ?
                En est-ce le visage ou l'esprit qui vous blesse ? (*1660-*
                1682)

v. 636 : Et que je réponds mal à l'honneur qu'il me fait. (*1664-*
1682)

v. 641-4 : Souvent je ne sais quoi que le Ciel nous inspire
                Soulève tout le cœur contre ce qu'on désire,
                Et ne nous laisse pas en état d'obéir,
                Quand on choisit pour nous ce qu'il nous fait haïr.
                (*1660-1682*)

v. 646 : Les âmes que son ordre a là-haut assorties (*1660-1682*)

v. 653 : Insolente, est-ce ainsi que l'on se justifie ? (*1663-1682*)

v. 676-8 : Contre cette fierté qui l'attache à son sens.
                Telle est l'humeur du sexe, il aime à contredire,
                Rejette obstinément le joug de notre empire (*1660-*
                1682)

v. 685 : Ne doit-on pas avoir pitié de ma fortune ? (*1660-1682*)

v. 698 : Où sont vos ennemis, que j'en fasse carnage ? (*1663-1682*)

v. 729 : Qui n'ayant pas l'esprit de faire des bravades (*1660-1682*)

v. 737 : Que n'ai-je eu cent rivaux en la place d'un père (*1644-1682*)

rubrique du v. 763 : CLINDOR seul. (*1660-1682*)

v. 787 : Quelque effort que je fasse à lui donner ma foi (*1660-*
1682)

v. 792-805 : Un rien s'ajuste mal avec un autre rien,
                Et malgré les douceurs que l'Amour y déploie,
                Deux malheureux ensemble ont toujours courte joie.
                Ainsi j'aspire ailleurs pour vaincre mon malheur ;
                Mais je ne puis te voir sans un peu de douleur,
                Sans qu'un soupir échappe à ce cœur qui murmure
                De ce qu'à ses (mes *1682*) désirs ma raison fait d'injure.
                À tes moindres coups d'œil je me laisse charmer.
                Ah ! que je t'aimerais s'il ne fallait qu'aimer !
                Et que tu me plairais s'il ne fallait que plaire !

LYSE. — Que vous auriez d'esprit, si vous saviez vous taire,
                Ou remettre du moins en quelque autre saison
                À montrer tant d'amour avec tant de raison !
                Le grand trésor pour moi qu'un amoureux si sage,
                Qui par compassion n'ose me rendre hommage,
                Et porte ses désirs à des partis meilleurs
                De peur de m'accabler sous nos communs malheurs !
                Je n'oublierai jamais de si rares mérites. (*1660-1682*)

v. 807 : Que j'aurais avec toi l'esprit bien plus content ! (*1660-*
1682)

v. 810 : Aux lieux où vous aurez une plus longue joie. (*1660-1682*)

v. 813-4 : Allez.

CLINDOR. — Souviens-toi donc que si j'en aime une autre...

LYSE. — C'est de peur d'ajouter ma misère à la vôtre,
Je vous l'ai déjà dit, je ne l'oublierai pas.

CLINDOR. — Adieu, ta raillerie a pour moi tant d'appas
Que mon cœur à tes yeux de plus en plus s'engage,
Et je t'aimerais trop à tarder davantage. (*1660-1682*)

v. 815-52 : L'ingrat, il trouve enfin mon visage charmant,
Et pour se divertir il contrefait l'amant !
Qui néglige mes feux m'aime par raillerie,
Me prend pour le jouet de sa galanterie,
Et par un libre aveu de me voler sa foi,
Me jure qu'il m'adore, et ne veut point de moi.
Aime en tous lieux, perfide, et partage ton âme,
Choisis qui tu voudras pour Maîtresse ou pour femme.
Donne à tes intérêts à ménager tes vœux,
Mais ne crois plus tromper aucune de nous deux.
Isabelle vaut mieux qu'un amour Politique,
Et je vaux mieux qu'un cœur où cet amour s'applique.
J'ai raillé comme toi, mais c'était seulement
Pour ne t'avertir pas de mon ressentiment.
Qu'eût produit son éclat que de la défiance ?
Qui cache sa colère assure sa vengeance,
Et ma feinte douceur prépare beaucoup mieux
Ce piège où tu vas choir, et bientôt, à mes yeux.
Toutefois qu'as-tu fait qui te rende coupable ?
Pour chercher sa fortune est-on si punissable ?
Tu m'aimes, mais le bien te fait être inconstant :
Au siècle où nous vivons qui n'en ferait autant ?
Oublions des mépris où par force il s'excite,
Et laissons-le jouir du bonheur qu'il mérite.
S'il m'aime, il se punit en m'osant dédaigner,
Et si je l'aime encor, je le dois épargner.
Dieux ! à quoi me réduit ma folle inquiétude,
De vouloir faire grâce à tant d'ingratitude ?
Digne soif de vengeance, à quoi m'exposez-vous,
De laisser affaiblir un si juste courroux ?
Il m'aime, et de mes yeux je m'en vois méprisée !
Je l'aime, et ne lui sers que d'objet de risée !
Silence, amour, silence, il est temps de punir ;
J'en ai donné ma foi, laisse-moi la tenir ;
Puisque ton faux espoir n'a fait (ne fait *1663-82*) qu'aigrir
[mapeine,
Fais céder tes douceurs à celles de la haine :
Il est temps qu'en mon cœur elle règne à son tour,
Et l'amour outragé ne doit plus être amour. (*1660-1682*)

v. 856 : Marchons sous la faveur des ombres de la nuit. (*1663-1682*)

v. 868 : J'ai le corps si glacé que je ne puis courir. (*1663-1682*)

rubrique du v. 873 : ISABELLE, Matamore écoute caché. (*1663-1682*)

v. 876-9 : Votre rival d'ailleurs est devenu jaloux.
C'est par cette raison que je vous fais descendre :
Dedans mon cabinet ils pourraient nous surprendre,
Ici nous parlerons en plus de sûreté. (*1660-1682*)

v. 883-6 : Je n'en puis prendre trop pour m'assurer un bien
Sans qui tous autres biens à mes yeux ne sont rien,
Un bien qui vaut pour moi la Terre tout entière,
Et pour qui seul enfin j'aime à voir la lumière. (*1660-1682*)

v. 890 : Mais pour vous je me plais à me voir maltraitée (*1644-1682*)

v. 891-2 : Et des plus grands malheurs je bénirais les coups,
Si ma fidélité les endurait pour vous. (*1660-1682*)

v. 899 : Vous verrez que ce choix n'est pas fort inégal (*1660-1682*)

v. 900 : Et que tout balancé je vaux bien mon rival. (*1644-1682*)

v. 901 : Mais avec ces douceurs permettez moi de craindre (*1660-1682*)

v. 903 : N'en ayez point d'alarme, et croyez qu'en ce cas (*1660-1682*)

v. 907-8 : Ainsi tous leurs projets sont des projets en l'air,
Ainsi...

MATAMORE. — Je n'en puis plus, il est temps de parler. (*1660-1682*)

rubrique du v. 913 : MATAMORE le tirant (le tire *1663-82*) à un coin du Théâtre. (*1644-1682*)

v. 915 : Oui, pour me rendre heureux j'ai fait quelques efforts. (*1660-1682*)

v. 922 : Choisis donc promptement, et pense à tes affaires. (*1660-1682*)

v. 939-40 : Demande-moi pardon, et cesse par tes feux
De profaner l'objet digne seul de mes vœux. (*1660-1682*)

v. 965 : Commandez que sa foi de quelque effet suivie... (*1660-1682*)

v. 966 : ADRASTE. — Cet insolent discours te coûtera la vie (*1660-1682*)

après le v. 968 : Il entre chez Isabelle, après qu'elle et Lyse y sont [entrées. (*1644-1682*)

v. 973 : Ah, Ciel ! je cède au nombre. Adieu, chere Isabelle ! (*1668 et 1682*)

v. 982 : Doit abuser demain d'un pouvoir tyrannique (*1660-1682*)

v. 987 : La faveur du pays, la qualité du mort (*1660-1682*)

v. 992 : Est de m'avoir aimée, et d'être trop parfait ! (*1644-1682*)

v. 995-1010 : *supprimés dans 1663-1682.*

v. 1007 : De quoi sert à mon cœur si dignement charmé (*1660*)

v. 1011 : Mais en vain après toi l'on me laisse le jour (*1663-1682*)

v. 1037-8 : Et remet plus avant en mon âme éperdue
　　　　　　L'aimable souvenir d'une si chère vue (*1660-1682*)
v. 1042 : L'un doit mourir demain, l'autre est déjà sans vie (*1660-1682*)
v. 1045 : De quel front oses-tu me tenir ces paroles ? (*1660-1682*)
v. 1062 : Jugez après cela comme quoi je vous aime ! (*1660-1682*)
v. 1069 : Va, ne demande plus si je suivrais sa fuite. (*1660-1682*)
v. 1073 : La prison est tout proche. — ISABELLE. — Et bien ?
　　　　　— LYSE. — Ce voisinage (*1668 et 1682*)
v. 1093 : Moi de dire soudain que sa bonne fortune (*1660-1682*)
v. 1108 : Ai-je dit, tu peux tout, et ton frère est absent. (*1660-1682*)
v. 1112 : Lui faire offre aussitôt de tout ce que j'avais (*1663-1682*)
v. 1113-5 : LYSE. — J'ai bien fait davantage.
　　　　　　J'ai dit qu'à vos beautés ce captif rend hommage,
　　　　　　Que vous l'aimez de même, et fuirez avec nous. (*1660-1682*)
v. 1119 : Et que tous ces détours provenaient seulement (*1660-1682*)
v. 1123-4 : Et vous mande par moi qu'environ à minuit
　　　　　　Vous soyez toute prête à déloger sans bruit. (*1660-1682*)
v. 1129-30 : Allez ployer bagage et, pour grossir la somme,
　　　　　　　Joignez à vos bijoux les écus du bonhomme. (*1660-1682*)
v. 1133 : ISABELLE. — Allons y travailler ensemble. (*1660-1682*)
v. 1154 : De ton ingrat amour étouffant la licence... (*1660-1682*)
v. 1155-8 *supprimés dans 1660-1682*.
v. 1172-3 : Que la peur l'enfermait dans la chambre aux fagots.
MATAM. — La peur ? (*1660-1682*)
v. 1216 : ISABELLE. — Je vais le réparer. (*1660-1682*).
v. 1222 : Bannissez vos frayeurs, tout va le mieux du monde
(*1660-1682*)
v. 1225-8 : Je te dois regarder comme un Dieu tutélaire,
　　　　　　Et ne sais point pour toi d'assez digne salaire.
LE GEÔLIER (montrant Lyse *1660*). — Voici le prix unique où tout
　　　　　　　　　　　　　　　　　　　　[mon cœur prétend.
ISABELLE. — Lyse, il faut te résoudre à le rendre content. (*1660-1682*)
v. 1240 : Vos charmants entretiens ont de douceurs pour moi
(*1660-1682*)
v. 1258-9 : À me dissimuler la honte d'un supplice !
　　　　　　En est-il de plus grand que de quitter ces yeux (*1660-1682*)
v. 1261 : L'Ombre d'un meurtrier creuse ici ma ruine (*1660-1682*)
v. 1269 : Demain de mon courage on doit faire un grand crime (*1660-1682*)
v. 1277 : Je frémis à penser à ma triste aventure (*1660-1682*)
v. 1287 : Je ne découvre rien qui m'ose secourir (*1660-1682*)

v. 1291 : Et sitôt que je pense à tes divins attraits *(1660-1682)*

rubrique du v. 1297 : LE GEÔLIER cependant qu'Isabelle et Lyse
                          paraissent à quartier. *(1660-1682)*

rubrique du v. 1309 : ISABELLE (dit ces mots à Lyse *1663-1682*)
cependant que le Geôlier ouvre la prison à Clindor. *(1660-1682)*

v. 1314 : Ah ! Madame, est-ce vous ? surprises adorables ! *(1660-
1682)*

v. 1317 : Is. — Clindor ! LE G. — Ne perdons point le temps à
                                    [ces caresses. *(1660-1682)*

v. 1318 : Nous aurons tout loisir de flatter nos Maîtresses. *(1660-
1682)*

v. 1327 : Sur un gage si beau j'ose tout hasarder. *(1682)*

v. 1328 : Nous nous amusons trop, il est temps d'évader. *(1660-
1682)*

v. 1350 : Cette condition m'en ôte assez l'envie. *(1663-1682)*

rubrique de la scène 2 : ISABELLE représentant Hyppolite, LYSE
                            représentant Clarine. *(1644-1682)*

v. 1364 : Vous ferez beaucoup mieux de tout dissimuler. *(1663-
1682)*

v. 1365 : Il nous vient peu de fruit de telles jalousies *(1660-1682)*

v. 1367 : Il est toujours le maître, et tout notre discours *(1644-
1682)*

v. 1376 : Où le nôtre se perd, le leur est sans hasard *(1644-1657)*

v. 1375-82 : Leur gloire a son brillant et ses règles à part.
                 Où la nôtre se perd, la leur est sans hasard ;
                 Elle croît aux dépens de nos lâches faiblesses :
                 L'honneur d'un galant homme est d'avoir des Maî-
                                    [tresses.*(1660-1682)*

           v. 1386 : Un homme tel que lui tombe dans l'infamie
           (1663-1682)

rubrique de la scène 3 : CLINDOR représentant Théagène, ISABELLE
représentant Hyppolite, LYSE représentant Clarine. *(1644-1682)*

v. 1394-1404 : Sont-ce là les douceurs que vous m'aviez promises ?
                  Est-ce ainsi que l'amour ménage un entretien ?
                  Ne fuyez plus, Madame, et n'appréhendez rien.
                                                         (1660-1682)

v. 1422 : Je le quittay pourtant pour suivre ta misère *(1644-1682)*

v. 1424 : Pour soustraire ma main à son commandement. *(1660-
1682)*

v. 1430-1 : Remets-moi dans le sein dont tu m'as arrachée ;
                 L'amour que j'ay pour toy m'a fait tout hasarder
                 (1660-1682)

v. 1432 : Non pas pour des grandeurs, mais pour te posséder.
(1663-1682)

v. 1444 : L'autre exposa ma tête à cent et cent dangers. *(1648,
1660-1682)*

v. 1447-9 : Retourne en ton pays chercher avec tes biens
                 L'honneur d'un rang pareil à celui que tu tiens !

De quel manque après tout as-tu lieu de te plaindre ?
(1660-1682)

v. 1454-5 : Qu'un mari les adore, et qu'un amour extrême
À leur bigearre (bizarre *1663-82*) le soumette lui-même
(1660-1682)

v. 1457 : S'il fait la moindre brèche à la foi conjugale *(1660-1682)*

v. 1478 : Et pour remerciement tu veux souiller sa couche ! *(1660-1682)*

v. 1479-80 : Dans ta brutalité trouve quelques raisons,
Et contre ses faveurs défends tes trahisons. *(1660-1682)*

v. 1492 : Et si le fol amour qui m'a surpris le cœur *(1660-1682)*

v. 1495 : Mais en vain mon devoir tâche à lui résister *(1660-1682)*

v. 1499-500 : Ce Dieu même aujourd'hui force tous mes désirs
À te faire un larcin de deux ou trois soupirs. *(1660-1682)*

v. 1501-3 : À mon égarement souffre cette échappée
Sans craindre que ta place en demeure usurpée :
L'Amour dont la vertu n'est point le fondement
(1660-1682)

v. 1505 : Mais celui qui nous joint est un amour solide *(1660-1682)*

v. 1507-8 : Sa durée a toujours quelques nouveaux appas,
Et ses fermes liens durent jusqu'au trépas. *(1660-1682)*

v. 1512 : Et qui n'affaiblit point le conjugal amour. *(1660-1682)*

v. 1514 : Je vois qu'on me trahit et veux croire qu'on m'aime *(1660-1682)*

v. 1540 : Lorsque tu changeras sans te mettre en danger. *(1660-1682)*

v. 1558 : Puisse attirer sur moi les restes de ta peine *(1660-1682)*

v. 1567 : Adieu, je vais du moins, en mourant avant toi *(1660-1682)*

v. 1582 : Conspirent désormais à me faire la guerre *(1644-1682)*

v. 1585-8 : *supprimés dans 1660-1682 et remplacés par la réplique suivante :* LYSE. — Madame, quelqu'un vient. *qui termine la scène dans ces éditions.*

v. 1589-1698 : *toute la scène 4 est supprimée dans 1660-1682.*

rubrique de la scène 5 : SCÈNE 4. CLINDOR représentant Théagène, ISABELLE représentant Hyppolite, LYSE représentant Clarine, ÉRASTE, Troupe de Domestiques de Florilame. *(1660-1682)*

v. 1699-1724 :

ÉRASTE poignardant Clindor : Reçois, traître, avec joie
Les faveurs que par nous ta Maîtresse t'envoie.

PRIDAMANT à Alcandre. — On l'assassine, ô Dieux, daignez le
[secourir !

ÉRASTE : Puissent les suborneurs ainsi toujours périr !

ISABELLE : Qu'avez-vous fait, bourreaux ?
ÉRASTE :   Un juste et grand exemple
     Qu'il faut qu'avec effroi tout l'avenir contemple,
     Pour apprendre aux ingrats, aux dépens de son sang,
     À n'attaquer jamais l'honneur d'un si haut rang,
     Notre main a vengé le Prince Florilame,
     La Princesse outragée et vous-même, Madame,
     Immolant à tous trois un déloyal époux,
     Qui ne méritait pas la gloire d'être à vous.
     D'un si lâche attentat souffrez le prompt supplice,
     Et ne vous plaignez point quand on vous rend justice.
     Adieu.
ISABELLE :   Vous ne l'avez massacré qu'à demi !
     Il vit encor en moi, soûlez son ennemi,
     Achevez, assassins, de m'arracher la vie !
     Cher époux, en mes bras on te l'a donc ravie,
     Et de mon cœur jaloux les secrets mouvements
     N'ont pu rompre ce coup par leurs pressentiments !
     Ô clarté trop fidèle, hélas ! et trop tardive,
     Qui ne fais voir le mal qu'au moment qu'il arrive !
     Fallait-il... Mais j'étouffe, et dans un tel malheur,
     Mes forces et ma voix cèdent à ma douleur,
     Son vif excès me tue ensemble et me console,
     Et puisqu'il nous rejoint...
LYSE :   Elle perd la parole.
     Madame ! Elle se meurt. Épargnons les discours,
     Et courons au logis appeler du secours.
Ici on rabaisse une toile qui couvre le jardin et les corps de Clindor et
d'Isabelle, et le Magicien et le père sortent de la grotte. *(1660-1682)*
rubrique de la scène 6 : SCÈNE 5. *(1660-1682)*
après le v. 1746 : Ici on relève la toile, et tous les Comédiens
paraissent avec leur portier qui comptent de l'argent sur une table
et en prennent chacun leur part. *(1644-1682)*
v. 1749-50 : Je vois Clindor, ah Dieux ! quelle étrange surprise !
              Je vois ses assassins, je vois sa femme et Lyse ! *(1660-
              1682)*
v. 1757 : Leurs vers font leurs combats, leur mort suit leurs paroles
(1660-1682)
v. 1766 : Tous les quatre au besoin ont fait un doux asile *(1660-
1682)*
v. 1768 : Son adultère amour, son trépas imprévu *(1644-1682)*
v. 1771 : Par où ses compagnons en ce noble métier *(1660-1682)*
v. 1772 : Ravissent à Paris un peuple tout entier. *(1644-1682)*
v. 1782 : Est en un point si haut que chacun l'idolâtre *(1660-
1682)*
v. 1788 : Il tient le premier rang parmi leurs passe-temps *(1668,
1682)*

v. 1801 : D'ailleurs, si par les biens on prise les personnes *(1660-1682)*

v. 1804 : Plus d'accommodement qu'il n'eût trouvé chez vous. *(1660-1682)*

v. 1807 : Je n'ose plus m'en plaindre, et vois trop de combien *(1644-1682)*

v. 1814 : A banni cette erreur avecque sa tristesse *(1644-1682)*

TABLE

Préface de Georges Forestier 7

L'ILLUSION COMIQUE

Dédicace de Corneille à Mademoiselle M.F.D.R.. 19

Acte I... 23
Acte II 33
Acte III 55
Acte IV 75
Acte V.. 97

Examen.. 117

DOSSIER

COMMENTAIRES 121
Action, thèmes et personnages 121
    Analyse de l'action, 121. — Les thèmes, 125.
    — Les personnages, 128.
Dramaturgie 141
    La question de la régularité, 142 — La
    construction de la pièce, 145.
Le travail de l'écrivain 149
Réception... 155

REPÈRES BIOGRAPHIQUES 159

BIBLIOGRAPHIE...................................... 165

LEXIQUE 173

LES ÉDITIONS DE *L'ILLUSION COMIQUE* ET LEURS
VARIANTES. 175

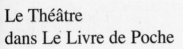

Le Théâtre
dans Le Livre de Poche

Aristophane
La Paix

Aymé
La Tête des autres

Beaumarchais
Le Barbier de Séville
Le Mariage de Figaro
Théâtre
 (*La Pochothèque*)

Calderon
La vie est un songe

Cocteau
Les Enfants terribles
La Machine infernale

Corneille
Le Cid
Cinna
Horace
L'Illusion comique
Polyeucte
Suréna

Dumas
La Dame aux camélias

Feydeau
Le Dindon
Occupe-toi d'Amélie

Giraudoux
Amphitryon 38
Électre

La Folle de Chaillot
La guerre de Troie n'aura pas lieu
Intermezzo
Ondine
Théâtre complet
 (*La Pochothèque*)

Goldoni
Comédies choisies
 (*La Pochothèque*)
La Locandiera

Hugo
Hernani
Mangeront-ils ?
Ruy Blas

Ibsen
Hedda Gabler
Drames contemporains
 (*La Pochothèque*)
Une maison de poupée

Jarry
Ubu roi

Labiche
La Cagnotte
Un chapeau de paille d'Italie
Le Voyage de Monsieur Perrichon

Marivaux
La Double Inconstance *suivi de*
 Arlequin poli par l'amour
L'École des femmes *suivi de*
 La Mère confidente
La Fausse Suivante

L'Île des esclaves
Le Jeu de l'amour et du hasard
La Surprise de l'amour *suivi de*
  La Seconde Surprise de l'amour
Théâtre complet
  (La Pochothèque)

Ménandre
Théâtre

Molière
Amphitryon
L'Avare
Le Bourgeois gentilhomme
Dom Juan
L'École des femmes
Les Femmes savantes
Les Fourberies de Scapin
George Dandin *suivi de*
  La Jalousie du Barbouillé
Le Malade imaginaire
Le Médecin malgré lui
Le Misanthrope
Les Précieuses ridicules
Le Tartuffe

Musset
Fantasio *suivi de* Aldo le Rimeur
  de G. Sand et de Léonce et Lena
  de G. Büchner
Il ne faut jurer de rien
Lorenzaccio
On ne badine pas avec l'amour

Pirandello
Henri IV / Le Jeu des rôles
Six personnages en quête d'auteur

Racine
Andromaque
Athalie
Bajazet
Bérénice
Britannicus
Iphigénie
Phèdre
Théâtre complet
  (La Pochothèque)

Reza
L'Homme du hasard *et autres
  pièces*

Roblès
Montserrat

Rostand
Cyrano de Bergerac

Schmitt
Théâtre 1 : La Nuit de Valognes /
  Le Visiteur / Le Bâillon / L'École
  du diable
Théâtre 2 : Golden Joe / Variations
  énigmatiques / Le Libertin
Théâtre 3 : Frédérick / Petits crimes
  conjugaux / Hôtel des deux mondes

Shakespeare
Comme il vous plaira
Hamlet *suivi de* Othello *et de*
  Macbeth
Henry V
Le Marchand de Venise
Roméo et Juliette
Roméo et Juliette *suivi de*
  Le Songe d'une nuit d'été

Sophocle
Antigone
Œdipe-roi

Tchekhov
La Cerisaie
La Mouette
Oncle Vania
Les Trois Sœurs

Vian
L'Équarrissage pour tous
Le Goûter des généraux
Petits spectacles

Zweig
Romans, nouvelles, théâtre
  (La Pochothèque)

XXX
Les Tragiques grecs
  (La Pochothèque)

Composition réalisée par NORD COMPO

Achevé d'imprimer en juillet 2008, en France sur Presse Offset par
Maury-Imprimeur - 45330 Malesherbes
N° d'imprimeur : 138474
Dépôt legal 1er publication : avril 1987
Édition 17 - juillet 2008
LIBRAIRIE GÉNÉRALE FRANÇAISE - 31, rue de Fleurus -75278 Paris Cedex 06